アホは神の望み

●

村上和雄

SB
サンマーク
文庫

アホは神の望み　目次

プロローグ　アホが世界を変える

第1章　鈍いけれど深い生き方

第2章 陽気であきらめない心

第3章 愚か者こそ幸せ者

第4章　くさらない、おごらない、屈しない

第5章　アホは神の望み

編集協力……大隅光彦・逍遥舎

プロローグ

アホが世界を変える

人を救うのは「笑い」

このごろ、「日本から笑顔が減ったな」と思うのは私だけでしょうか。街を歩いていても電車に乗っていても、無表情な顔や不機嫌そうな顔つきに出くわすことはあっても、ニコニコと明るい笑みを浮かべた顔を見ることがめっきり少なくなった気がします。

笑いは心を解放させる行為です。それが少ないということは、人々の心から余裕が失われて、社会に緊張感や閉塞《へいそく》感がはびこっている証拠でしょう。いまの時代の息苦しさや生きにくさも、どうもそのあたりから発しているようです。

けれども、笑いは「力」です。

私の研究分野は生命科学ですが、むずかしい学問をしているわりには、私にはちょっとおっちょこちょいや軽薄なところがあって、専門である遺伝子と笑いの研究を、あの〝お笑いのメッカ〟である吉本興業と組んで大まじめに行っています。

その研究では、糖尿病の患者さんに漫才を聴いてもらい、さんざん笑ったあとで血糖値を測る。すると、その数値がグンと下がったなどといった実験結果を得ています。つまり、**笑いは薬、それも「副作用のない薬」であることがわかりはじめているのです。**

笑いの効用は心の健康にも及びます。屈託のない笑顔を見ると、私たちは何ともいえない温かさや「癒《いや》し」を感じて、無条件で心を許し、また心を開きたくなります。その典型が赤ちゃんの笑みです。

赤ちゃんは生まれてからしばらくたつと、だれに教えられたわけでもなく、実にやわらかい、邪気のないほほ笑みを浮かべます。エンジェル・スマイルと呼ばれる、この人生で最初の笑みは遺伝子の働きと関係があると私は思っており、言葉を覚える前に、人はまず笑う。はじめに笑いありきなのです。

むろん、この天使の笑みを見たお母さんや家族は「かわいい」と感じて、思わず笑みを返す。すると赤ちゃんはますますほほ笑むようになり、スキンシップやコミュニケーションが深まっていく。

すなわち笑いは、相手の不安や緊張をほぐし、心に潤いやおだやかさをもたらす、人の心と心をつなぐ、きわめて重要なコミュニケーションの道具なのです。

また、大きな声で笑うと、私たちの「命」は揺れます。笑いは「生」の躍動でもあり充溢《じゅういつ》でもあるのです。

体の免疫力を高めてくれる薬であると同時に、心の安定剤でもある。それに接した人に幸せをもたらす幸福の種であり、私たちの生命力を深いところで活性化してくれる動力でもある。それが笑いなのです。

したがって私には、人間を最後に救うのは笑いであるような気がしてなりません。「人はみな泣きながら生まれてくる」とシェイクスピアはいいました。それほど人が生きていくことは苦しい行為であるということでしょう。

しかし、だからこそ——どうせこの世に生きるのなら——しかめ面よりも笑顔を、泣くよりも笑うことの多い人生を選ぶ必要があると思うのです。

「でくのぼう」という愚かで深い生き方

こういうと、アホなことをいうな、そうそうバカみたいに笑ってばかりいられるかとお叱《しか》りを受けそうです。しかし、その**「苦しいときこそ笑っていられる」ようなアホやバカが、いまこそ必要なのだということを、私はこれからこの本で述べたいのです。**

笑いが減るのと並行するように、世の中に利口な人が増えました。頭の回転が速く、目先のことに鼻がきいて、機を見るのに敏。人に先行して、競争に強く、ムダや抜け目がなく、合理的かつ効率的で、どんな問題もすばやく解いて、決められた道を最短距離で行くことが得意。いわば、そんな人たちです。

しかし、そういう利口な人たちを見ていて気づくことがあります。一つは、その利口やかしこさのスケールがどこか「小さい」点です。

頭は切れる、学歴も高い、知識も豊富だ。しかし、ヘンに世間知らずだったり、人間関係がうまく結べなかったり、人の心の機微に疎かったり。あるいは分析は鋭いけれど視野がせまかったり、理が勝ちすぎていて柔軟性に欠けていたり……。

そのために、せっかくの知性に偏りが生まれて、そのせいで頭脳や人間のスケールが小さく感じられるのです。こういう人は、人間としての容量が小さいので、挫折《ざせつ》に弱いところもあります。ちょっとしたことでつまずき、つまずくとなかなか立ち直れない。

高級官僚や企業エリートなどの不祥事を見るにつけ、私はそうしたこざかしい知恵や知識の限界を目のあたりする思いがします。

食料自給率が四割程度の中で、美食飽食を満喫し、余った食べ物をどんどん捨てている。こんな「モノは栄えたが、心が貧しい」社会のあり方も、かしこいようで実に愚かであり、こざかしい人や小利口な人が増えたことの反映であるように思えます。

二つ目は、利口な人は傲慢《ごうまん》になりやすいという点です。

つまり、なまじ頭もよくて、ものごとがよくわかるから、そうでない人を見下したり、自分のかしこさを振りかざして、自分だけの力で生きていると思い上がる。おごりや増長に陥りやすい欠点も、頭のいい人たちにはついて回るのです。

こういう小利口な人間のこざかしさや傲慢さは、聖書のむかしから、神がもっとも手を焼いてきた人間の「愚かな罪」であり、実は、神さまがもっとも嫌うところなのです。

それなら、神が好むものは何か。これは、その反対概念を考えればいい。つまり、**神の好きなものは「器の大きなバカ」「素直で正直なアホ」なのです。**

たとえば宮沢賢治の「雨ニモ負ケズ」の詩に出てくる、欲はなく、いつも静かに笑っていて、自分を勘定に入れず、病気の子どもがいれば看病してやり、日照りのときは涙を流し、寒さの夏はオロオロ歩く――世間からは「でくのぼう」と呼ばれながらも、まじめに、不器用に、誠実に生きていく。そんな人です。

正直で勤勉で一徹で、どこか抜けているお人よし。知識や学問は少ないが、コツコツと自分の信じる道を地道に歩み、手間や回り道を惜しまない。時代遅れで融通もきかず、利にも疎いが、ゆったりかまえて、焦らず、屈せず、くさらず。

「おれが、おれが」でなく、「アフター・ユー（お先にどうぞ）」の精神をもち、頭は悪いが心は豊かで、わずかなことで満足できる。

あるいは、そんなに立派でなくても、単純で感激屋で、人を楽しませるのが好きで怖さ知らず。おっちょこちょいで根拠のない自信にあふれていて、能天気でよく笑い、失敗を恐れない。ムダ話や寄り道が多く、いばらず、かざらず、かっこつけない。信じやすいがものごとを決めつけず、忘れっぽいがあきらめない。

そのせいで、「アホやなあ」「バカだなあ」、そう人からあきれられ、愛されもする人。フーテンの寅さんみたいな、愚かという「徳」をもった人。

そういう人が神からも好かれ、利口な人より時間はかかっても、大きな幸せを手に入れることができるのだと思います。

最後には、カメがウサギを追い抜くように、バカは利口を超えるところがあります。利口とは、ある範囲内において限界まで届く知性のことですが、バカやアホというのは、その限界をあっさり超えてしまうことがしばしばあるからです。

そういう、こざかしい理屈や常識の枠を超える「大きな愚かさ」。鈍いけれども深い生き方。その復権が、いまこそ必要なのではないでしょうか。

鈍くて大きな人がいちばん遠くまで行く

私が身を置く学問の世界でも、すぐれた成果をあげたり、大きな発見をする人は総じて、どこか鈍いところをもっているものです。

たとえばエジソンやアインシュタインなど、後世に名を残すような偉大な科学者は学校時代、落ちこぼれの劣等性であった人が多い。アインシュタインなどは落第して不登校であった時代もあり、学校へ行ったら行ったで、物理の先生から「おまえは物理の才能がないから学科を変えたほうがいい」と烙印《らくいん》を押された逸話が残っています。

わが国で最初にノーベル賞を受けた中間子理論の湯川秀樹先生なども、世界的な名声を得て以降も、ご自分の〝凡才〟ぶりに悩んでいたふしがあります。

私の恩師のお一人で、京都大学の学長も務めた平澤興先生が、親友の間柄であった湯川先生に、「私は頭の回転が遅くて困っている」と打ち明けると、湯川先生は「私はあなた以上にそのことで困っています」とこぼされた。

さらに平澤先生が「中学、高校と私は劣等感のかたまりでした」というと、湯川先生も「まったく同じです」と答えられたといいます。

これは謙遜《けんそん》などではなく、お二人とも本心を吐露しあっていたのだと思います。いずれもご自身のことをけっして頭がいい人間だとは考えておらず、むしろ鈍いほうだと思っておられた。

このことはとりもなおさず、お二人が偏差値秀才ではないことを示しています。与えられた問題から最速で答えを導き出す。そういう頭の回転の速さや鋭さにおいては、お二人よりもすぐれた人はたくさんいたのでしょう。その点で、お二人は頭の鈍さを自認しておられた。

しかし、お二人の頭脳は鈍いかもしれないが、そのぶん「大きくて深い」のです。**すみやかに一直線に解答にたどり着く、そういう秀才的かしこさには欠けて**

いても、大きな回路をたどりながら、根っこからさらうように深くものごとを考える力が人並み外れていた。いわば思考の器が大きい「大鈍才」なのです。

湯川先生にかぎらず、ほんとうに優秀な人間には、さわれば切れるような鋭い人はむしろ少数派で、どこか大器晩成型の鈍さをもち合わせた人間が多いものです。

やはり、ノーベル賞受賞者である島津製作所の田中耕一さんなどがいい例ですが、ふだんから目立たないおとなしい存在であり、地味でだれも注目しないような研究をコツコツと倦《う》まず弛《たゆ》まず続ける。そんなこざかしさとは無縁の〝凡才〟タイプの人間が多いものなのです。

これは、おそらく学問研究の分野が「正解のない世界」だからだと思います。

答えが一つだけしかない、あるいは用意された多くの答えの中から正しい答えを選ぶ。こういう収束型の問題には、偏差値秀才が能力を発揮します。

しかし、多くの学問分野で要求されるのは、収束型でなく拡散型の頭脳や研究です。それまでの定理や公式に当てはまらない未知の分野で、新しい答えを手さぐりしながら求めていく。自分で「問い」を発し、自分で仮説を立てて、成功と失敗をくり返しながら、研究を重ねていく。

それは用意された答えを選ぶよりも、はるかに多くの思考力や創造力を必要とする作業であり、一つの解答を得るまでには時間もかかります。

その時間がかかることが、いっけん遅い、鈍い、あるいは凡才、でくのぼうと見えるだけで、小利口な人間の軽薄さやこざかしさとは無縁のところで、こういう人は大きな知性の歯車をゆっくりと着実に回しているのです。

安っぽくものごとを考えず、早わかりしない。鈍で重だが、深く大きく思考する。そうした人が遠回りをしながらもたしかな成果をあげ、時間はかかるけれど、いちばん遠くまで行くのは、科学の世界にかぎらず、けっして珍しいことではありません。

格言にもあるとおり、ゆっくり行く人がいちばん遠くまで行くのです。

神はバカ正直な人にほほ笑む

私も鈍いことにかけては人後に落ちません。そもそも母校である京都大学にはまぐれで入ったようなものだし、研究生時代も劣等生で有名で、周囲からは「あいつはアホや」で通っていました。

レニンという血圧のコントロールに関係する酵素を世界ではじめて純化精製に成功したときも、すばらしいひらめきや劇的な発見などがあったわけではなく、鈍牛がのそりのそりと田を耕すような、ひどく手間と時間のかかる方法でやっとこさ成果にたどり着いたのです。

そのとき私は、わずか〇・五ミリグラムの純化レニンを抽出するために、レニンがごく微量に含まれていると思われる牛の脳下垂体をたくさん集めることにしました。その数、なんと三万五千頭分。それだけ膨大な数の牛の脳下垂体を食肉センターから譲り受けてきて、それを一個一個手むきしていく（牛の脳下垂体は手の親指くらいの大きさで、栗《くり》の渋皮みたいな薄いものを被《かぶ》っている）という気の遠くなるような方法をとったのです。

あたかもホルモン焼きの調理場のような様相を呈した研究室で、来る日も来る日も、冷凍されてカチンカチンになった脳下垂体をむいていく。こんな作業は、あんまりまともとはいえないし、利口な人のすることでもありません。

そうと自分でもわかっていて、しかし、私にはそれしか方法が見つからなかったし、こういうバカみたいな粘り強さや愚鈍な方法でしか手にできない成果もあることを、心の片隅で強く信じてもいたのです。

頭のいい人たちからは、「素人くさくてスマートじゃない」と陰口も叩《たた》かれたようですが、その素人には先入観にとらわれないぶん、あっさりと常識を超えていける長所があります。

やはりノーベル賞受賞者で、免疫システムに関してそれまでの常識をくつがえす新しい発見をした利根川進先生も、出身は理学部で、もともと免疫学はズブの素人でした。

研究を続けていると、定説や教科書に書いてあることとは異なる結果が出ることがあります。なまじ専門知識のある玄人は、「教科書と違う、自分のほうが間違っている」となりますが、予備知識の足りない素人は「なんだ？　おかしいぞ」と素朴な疑問を抱き、その疑問に対して、怖いもの知らずでまっすぐ向かっていきます。

利根川さんの場合もまさにそのようで、その素人くさい疑問を解くべく、粘り強く何度もくり返し研究を続けた結果、免疫反応において多様な抗体がつくられる仕組みを遺伝子レベルで解明するという成果をあげたのです。

それは、それまでの免疫学の常識にはないことでした。玄人や専門家から見れば、鈍くてスマートじゃない素人や門外漢が前例や固定観念にとらわれず、それまでの常識を超えていく、変えていく。それは進化や進歩の歴史には欠かせないことなのです。

科学は論理や理性のかたまりだと思われがちですが、実はそんなことはなく、科学上の大発見や大発明には、非論理的な偶然やカン違いなどが大きく寄与していることが珍しくありません。

ある日、間違って異なる材料を混ぜたところ、予想もしていなかった物質ができあがった——そんな間違いや失敗が大きな成功につながることは、科学の世界ではむしろザラにあることで、こういう偶然や直感など、およそ「科学らしくない」ことから得られる成果をナイト・サイエンス（夜の科学）といいます。

これに対して、理性的で客観的、知識や論理が支配するのがデイ・サイエンス（昼の科学）ですが、科学というのは、この論理の世界と感性の世界を両輪として進歩してきたといえるのです。

そして感性的なナイト・サイエンスに秀でていたり、敏感だったりするのは、頭のいい人よりも、素人くさくて鈍な「頭が悪い」といわれる人に多いのです。向こう見ずや怖いもの知らずで非論理的なこともアホみたいに平気でやってしまう人、「これ」と思い込んだら、それ一筋に愚直に猛進するバカ正直な人。

そういう人にこそ神は、偶然や幸運というかたちで恩寵《おんちょう》を授けるような気がしてなりません。

ハングリーであれ、愚かであれ！

アホが常識を超え、世界を変えていく例は企業社会でも見られます。

アップルコンピュータの創始者で、世界でもっとも洗練されたパソコンといわれるマッキントッシュを開発したスティーブ・ジョブズ。彼もまたけっして利口とはいえない半生を送ってきた人物のようです。

彼の人生は挫折と波乱続きのジグザグ人生です。彼の母親は未婚の大学院生のいわゆるシングルマザーで、妊娠中から、自分では育てられないから、生まれたらすぐに養子に出すと決めていたといいます。

生まれてすぐ、母親の望みどおり養子に出され、養親のもとで育つが、せっかく入学した大学をドロップアウトしてしまう。コーラの瓶を集めて食費をひねり出すような貧乏暮らしの末に、起業したアップル社は大成功するが、よく知られているように、そのみずから興した会社を、他の経営陣との対立がもとで追い出されてしまう。

　彼は世界でもっとも有名な「落伍《らくご》者」となってしまうのです。やがて再度、アップルに復帰し、世界的なヒットとなるｉＭａｃやｉＰｏｄなどを開発して業績不振に陥っていた同社を再成長に導くが、その矢先、病魔に襲われてしまう……。

　そのジョブズがスタンフォード大学で行った卒業祝賀スピーチは、感動的な内容をもつものとしてインターネットを通じて広く流布されました。その最後は、「Stay hungry, stay foolish」という言葉で締めくくられています。

「ハングリーであれ、愚かであれ」――自分自身、つねにそうありたいと願いつづけてきたし、キミたち（卒業生）もそうであるよう願っていると、彼はスピーチを結んでいるのです。

　スピーチやプレゼンテーションの天才としても知られるジョブズは、この言葉によって、何をいいたかったのでしょうか。

　さまざまな解釈が可能でしょうが、**枠にはまった優等生、みんなからほめられるようなお利口さんになんかなるな。こざかしく、小さくまとまるくらいなら、**

愚か者であるほうを選べ、それも、常識なんかはみ出してしまう器の大きなバカになれ。

ジョブズが若い人に贈り、自分にもいい聞かせていたのは、そういうことなのだと思います。いつも、満足せず、小利口ぶらず、一つの道をひたすら究めようとする愚かさを大切に維持するとき、その愚かさが石や岩をも砕く重く大きな武器となって、あなたを成功に導くだろう……。たしかにビジネスの世界でも、愚直を貫いて成功したという例は少なくないようです。愚直なのに成功したのではなく、愚直であるがゆえに成功をたぐり寄せるのです。

利益を上げることが最大目的のビジネスにおいても、ときには損得抜きで、「そんなバカなことはやめときなさい」とまわりから止められるような、非合理的で向こう見ずな大決断をしなくてはならない場合があるからです。そしてその決断が、その後の流れを大きく変えることが間々あるからです。

京セラを世界的企業に育て上げた稲盛和夫さんが、ＫＤＤＩをつくって電話事業に参入したとき、周囲からは「ドン・キホーテが出てきたぞ」と揶揄《やゆ》されたといいます。当時、同事業分野は、国営事業である電電公社から民営化されたNTTの寡占状態にありました。

そこに電話事業の技術も経験もない稲盛さんたちが参入するのは、巨像にアリが挑むのに等しい。しかし、だれかがやらなければ、電話事業はいつまでも独占状態にあって競争原理が働かない。

その一途《いちず》な思いから、稲盛さんはすすんで貧乏くじを引くような決断をしたのです。その愚直なばかりの決断がどのような結果をもたらしたかは、現在のKDDIの隆盛を見ればよくわかるでしょう。

こういう損得や欲得を離れた大決断は、なまじ利口で先のよく見える人にはできません。人からは「ちょっと頭のめぐりが悪いんじゃないか」と思われるような、愚直で度量の大きな人間にしかできないことなのです。

だから、器用に枝葉を伐《き》りとる鋭いナイフのような人間であるよりも、大木を根っこから倒してしまう鈍重なナタのような人間であれ。スティーブ・ジョブズがいう「愚かであれ」とはそういう意味、つまり、「器の大きなアホのすすめ」

なのだと私は思っています。

器の大きなアホになれ——神の望む生き方のすすめ

科学の世界はきわめて逆説的なところがあって、解明が進めば進むほど未解明な部分が増えてきます。一つの研究によって、あることが「わかる」。すると必ず、では、そのわかった部分以外のところはどうなっているのだろうかという新しい疑問や謎《なぞ》が生まれてくるのです。つまり、わかればわかるほど、「わからない」ということがわかってくる。私がかかわっている遺伝子の本体であるDNAについても同様で、DNAの仕組みや働きはいま、ものすごいスピードで解明が進んでいますが、それ以上に、わからないことも増えてきているのです。

たとえば、人間の生命のすべての働きをつかさどっているDNAのうち、どのDNAがどういう働きをしているかがわかっているのは、どう多めに見積もっても、全体の一〇%程度にすぎません。

あとの九〇%は、どんな働きをしているのかわかっていない、あるいは、どんな働きもしていないものと考えられて、そこから「ジャンク（がらくた）」などと呼ばれています。いわば、DNAの「でくのぼう」です。

しかし私は、そのくずやでくのぼうの部分に、大きな意味や可能性が潜んでいると考えています。いまはまだ「わかっていない」だけで、そのジャンク部分は、すでに「わかっている」一〇%のDNAの働きをはるかに上回る、大きく重要な働きを担う部分にちがいない。

その未解明部分は、遺伝子の未使用部分、あるいは未活動部分であって、それが何らかのきっかけによって働き出せば、私たち人間は現在有している能力よりも、はるかにすごい力を発揮できるだろう。

さらには、生物の長い進化の歴史や秘密。生物の「創造主」の存在。生命とは何か。その原初の姿はどんなもので、究極の姿はどうなるのか。それはどこから来て、どこへ行くのか。生の目的は何か。死の意味は何か――そういう「命」の原理や設計図なども、その不明部分に「暗号」として書かれているのではないか。

いずれにせよ、未解明部分の大きさは可能性の大きさで、くず扱いされ、でくのぼう視されているDNAのジャンク部分にこそ大きな能力が潜在しており、いっけん無用無意味なものが、実はものすごく大きな意味と価値をもっている。私はそんなふうに考えている、いや、必ずそうにちがいないと確信しています。

このことを一般的にいいかえれば、アホにこそ大きな可能性が潜んでいるともいえるでしょう。だから私はジョブズにならって、以下、本書で「愚かのすすめ」を説きたいと思うのです。

私ごとになりますが、私の父は東京大学で自然地理学を学んだあと、その学問、学歴をすべて捨てて、宗教組織で一介の下働きとして働きはじめ、一生を尽くしてその人生を終えました。

世間的には、およそアホで、でくのぼうのような生き方をした男でしたが、晩年にはよく、「おれの人生は幸せだったよ」と述懐していました。当時の東大出といえば、末は博士か大臣かで、同級生は企業の社長とか高級官僚とか偉い学者になっている。しかし、父は、田舎《いなか》で組織の下足番みたいなことをしている。

だから若いうちは、同窓会に出るのにずいぶん気が引けたといいます。しかし、年をとり、同級生たちがリタイアして肩書きが外れ、みんな一人の人間に戻ってみると、信心の道を一筋貫いた自分のほうが、人間の厚みや深み、生きていることの手ごたえや充実感などにおいて、どうもみんなより勝っているように思える。

「だから、おれは幸福だ」と負け惜しみでなく、しみじみ述べていたのです。息子の私はその父に、自分の中の愚かさを生涯かけて大切に守りとおした「愚か者の栄光」を見たような気がしました。

ともすれば自分の中にふくれ上がってくる世間並みの欲を抑え、信じる一つの道に自分の心と体を打ち込んだ。その生き方は少しもかしこいものではなかったが、それだけにこざかしさを超えて、何か大きなものに支えられ、守られながら、だれよりもたしかな生をまっとうした幸福な人間。祝福された人間。

そういう父のような生き方、**すなわち「神の望むアホの生き方」を私もめざしたいし、みなさんにもすすめたいと思うのです。**

第1章

鈍いけれど深い生き方

何があなたに「偶然の幸運」をもたらすのか

科学の研究というのは、みなさんが考えているよりも、ずっと不安定なものであり、不確実性の高いものです。

百年やっても失敗続きで成果らしい成果が出なかったのに、百一年目に、まったくの偶然からすばらしい結果が得られた。こういうことは私たちの世界では、珍しいことでも何でもないのです。

試薬を保管していたドライボックスの密封がゆるんで、そこから湿気が入り込んだことが想定外の触媒効果を生んだ。インフルエンザの予防薬タミフルの合成は、そんな偶然がきっかけで生まれたといいます。

田中耕一さんの画期的な業績も、実験中に間違った溶液を混ぜた失敗物を捨てるのが惜しいと思ったことが契機でした。私がレニンの研究に取り組んだのも、アメリカで最初に出会った教授のカン違いがきっかけとなったものです。

こういう「偶然が支配する」場に身を置いていると、研究は魔物だなと感じることがしばしばあります。百年やっても、その偶然が訪れてくるとはかぎらない。やっと一度だけ訪れても、そうとは気づかず見逃してしまうかもしれない。だからといって、最初からもう一度、同じことをくり返しても、同じ偶然がふたたび起こることはまずありえない。

論理性や緻密《ちみつ》さを旨とするこの世界もひと皮むけば、実は、こうしたとても不確実な「すきま」があちこちに空いているのです。

神がいるとするなら、その神が気まぐれに贈ってくる幸運に運よくぶち当たるか、そうでないか。それによって、成果の大小が分かれてしまう。したがって、ノーベル賞をもらうような人はみんな多かれ少なかれ、きわめて運のいい人たちだといえるのです。

その神からの贈り物、すなわち、偶然による思いがけない成果のことを「セレンディピティ」といいます。科学者たちがふだんからいい習わしているくらいですから、私たちがいかにその偶然を重視し、偶然がもたらしてくれる幸運を待望しているか、その一端が知れようというものです。

では、科学や研究というのは神の気まぐれに左右されるしかないのかといえば、そんなこともありません。その幸運の前髪をしっかりとつかむためには、いくつかの条件――日ごろの努力や心がまえが必要になってきます。

運とは必然でもなければ偶然でもない、とても蓋然《がいぜん》性の高いものです。つまり、努力していれば必ず幸運を得られるというわけではないが、かといって、努力なしで幸運がめぐってくることもまたないのです。

そのセレンディピティを呼ぶ条件の一つは、素直で注意深い目です。目の前で起こっている事態や変化を先入観や偏見なしでまっすぐ、しっかりと見つめること。予期しないことが起こった。だからダメだと否定してしまうのではなく、その現象を素直に、注意深く観察することが大切なのです。

第二の条件は、ムダを尊ぶ心です。できる人ほどムダや非効率を嫌いますが、研究とはもともと壮大なムダの集積でもあります。その百のムダの中から一つの有益な発見が生まれてくる。あるいは、百のムダがあってはじめて一の発見が生まれる。

カン違いや間違いから生まれた偶然を、「こんなのは本筋ではない」とムダ扱いしていたら、その成果も見逃してしまいます。だから、ムダをムダとして排除してしまわず、失敗しても、あきらめずにくり返しやりつづける忍耐力や粘り強さが必要になってきます。

三番目は、その失敗や間違いから「何か」を見いだし、つかみとる力です。このとき大切になってくるのはカンです。失敗事例の中に何かを嗅《か》ぎとる直感やひらめきです。

間違いや失敗の中にも、「何かを含んだ」間違いや失敗があります。創造的な失敗といえるもので、失敗にはちがいないが、次の創造に結びつく要素を含んでいます。それは単なる間違いといっけん区別がつけにくいので、ぼんやりしていると見逃してしまいます。

その「創造的な断片」を失敗の海の中から感じとれる直感、読みとれる目。そういうものがセレンディピティを成果に結びつけるために必要になってくるのです。これは失敗することがいけないのではなく、失敗から学ばないことがいけないという失敗論にもつながっています。

まじめ、地道の積み重ねが「人をつくる」

偶然の幸運を呼び込むための条件を、キーワードとして取り出してみれば「素直」「粘り強さ」「失敗から学ぶ」となって、やはり頭が切れる人よりも、ものごとをまっすぐに考える愚直な人が遠いようでいて、成功に近いのだと思います。

これは利根川進先生から聞いた話ですが、先生の高校時代、同じクラスに恐ろしく頭の切れる秀才がいました。彼は毎年四月、最初の授業が始まる前に教科書を全部覚えてしまうので、本番の授業では余裕しゃくしゃく、ときどき教師の間違いを指摘して教師をあわてさせていたそうです。

その潜在能力といったら末恐ろしいくらいで、利根川先生は「こいつは将来、いったいどういう人間になるのだろう」と舌を巻く思いで、その将来性におおいに期待もしていました。

しかし何十年かたって、同窓会に出てみると、利根川先生はひどくがっかりさせられたといいます。その秀才は学者にはなっていたのですが、先生いわく、「他人がやった先行研究をなぞるだけの平凡な学者」になっていたからです。

この話を聞いて感じたのは、その秀才氏には申し訳ないのですが、自分の頭で考えようとしない暗記型秀才の限界でした。教科書はより広く深く学ぶための水先案内のようなもので、まるごと覚えるような性質のものではありません。

それを丸暗記して得意がっているのは、どこかこざかしく、抜け目がない感じもあります。それではせっかくの非凡な能力が大きく育ちません。もし、教師の間違いを指摘するような鋭さよりも、教師のいうことを素直に聞く「鈍さ」があったのなら、同じ学者でも、違う結果になっていたはずです。

また、ある企業経営者と話していたとき、その人は「人づかいほど思うにまかせないものはない」としみじみ述べながら、次のような話をしてくれました。

会社はいつもいい人材を求めています。だから、いい大学を出た優秀な人間を採用しようとする。望みどおりすぐれた人間が入ってくれれば、将来の会社を背負って立つ幹部候補として期待も抱く。しかし、そういう人間にかぎって早いうちに会社を辞めていってしまう。誘われてもっと大きな会社に転職する人間もいれば、独立して自分で事業を始める人間もいる。いずれも優秀な人間であるからこそです。

すると、残るのはそれほど優秀な人ではないということになる。その経営者の言葉を借りれば、「あとに残るのは、どんくさいやつばっかりなんですわ」となる。まじめはまじめだが、あんまり頭が鋭くなく融通もきかない、期待薄の鈍才や凡才が雁首《がんくび》をそろえている――。しかし、そこからこの経営者は自分の不明を恥じることになったといいます。

鈍才は鈍であるがゆえに、尺取り虫みたいに自分の仕事をあきずに、まじめに、地道にコツコツと粘り強くやりつづける。「こうしなさい」といいつけると、下手をすると、夜中までそのことを厭《いと》わずやっている。

「そういう人間が十年、二十年すると、どうなると思います？」

「継続が力になるということですか？」

「そのとおりなんですわ。まじめや地道の積み重ねが『人をつくる』んですな。いまはもう連中がいなけりゃ、会社は立ち行きません」

階段を一足飛びにではなく、一段一段上っていくことの集積が、いつのまにかその人の技量や人格を――はなやかさや鋭さには欠けても――手堅くぶ厚いものにする。そういう例を何度か見るうちに、経営者の認識は一八〇度改まってしまったといいます。

すなわち、ほんとうに育てなくてはいけないのは牛のように鈍な人材である、と。この鈍の内訳もやはり、素直であることや粘り強くあることでしょう。

「連中はともかく、バカみたいにがまん強いのです。それだけですごい存在感ですよ」

と経営者は、まるでけなしているような言い方で自社の鈍才たちをほめていましたが、そうしたバカみたいな忍耐力は、近ごろの日本人が失ってしまった徳性の一つでしょう。

もう一つ、その経営者が披露してくれた鈍才たちのエピソードがあります。

一年たっても、二年たっても、結果が出ない研究プロジェクトがあった。失敗ばかりが続いて、それ以上、何をしたらいいのかわからなくなり、まったく行き詰まってしまったとき、一人のメンバーが突然、便所掃除を始めた。まじめでひたむきな人間らしく、毎朝夕欠かさず、モップとタワシで便器をきれいにしている。

経営者が理由をたずねると、「これを続けていれば、必ず成功すると自分にいい聞かせているんです」。こういう行為を根拠がない、アホらしいと笑うのは利口な人のやることだと思います。少なくとも私には笑えません。それどころか圧倒もされるし敬服もします。

なぜなら、それほどの熱意、理性を超えたすごみさえ感じられる愚直な情熱には、神もたまらずセレンディピティを与えるはずだからです。

偉い人ほどいばらない

若いときにアメリカで学んだことは私の大きな財産となりました。日本の大学ではわれながら冴《さ》えない研究者の卵であった私が、思い切って異国へ渡り、環境を変えることで血が入れ替わったように新鮮な気持ちで研究に取り組むことができた、その経験がその後の研究者としての下地をつくってくれたからです。もう四十年以上も前のことです。

アメリカの研究環境は自由ですが、とてもタフなものでした。アメリカ社会はよくいわれるように公平を尊ぶ社会です。公平は正義で、不公平は罪、こういう考えがすみずみまで浸透しています。

したがって、研究の世界でも「フェアであること」が強く求められます。「ノーベル賞、五年もたてばタダの人」。当時、そんな言葉をよく聞いたものです。ノーベル賞という高名な賞を受けても、その賞味期限はせいぜい五年。その後、見るべき業績が上げられないとなれば、研究費も容赦なくカットされてしまう。アメリカでは機会も平等なら、厳しさも公平なのです。

こういう厳しい環境が私をおおいに鍛えてくれました。当時、私が心がけていたことの一つは「有名な先生を訪ねる」ことでした。アメリカは科学では一流の国です。一流の国には一流の人がいる。だから、そういう人とできるだけたくさん会い、何らかの教えを受けたいと考えて、ヒマを見つけては、せっせと一流と呼ばれる科学者を訪ねて話を聞くようにしていたのです。

こういうときも、アメリカは自由で公平な国でした。日本でなら、それ相応の立場の人の紹介状がなければ会ってくれないような「偉い人」も、「教えを請いたい」と率直に頼めば、実にフランクに会ってくれるのです。

そしてそうした偉い人ほど、よく勉強するし、もったいぶらないし、いばらない。人間的にもすばらしい人が多いのです。偉い人ほどいばらない。このことを若い時期に実感できたのは、私のその後の人生にとってけっして小さくないことでした。

その後、日本へ帰ってきてからも、優秀だが、それを鼻にかけていばっているような人を見ると、「学者としては、まだまだだな」とひそかに思うのが習い性になっているほどです。実際、いい仕事、すぐれた仕事をする人ほど謙虚なものです。

あるとき研究者の集まりで、茶飲み話の代わりに、日本のノーベル賞学者の共通点というものを思いつくままあげてみたことがあります。

その一つは、外国での評価が高いわりには日本での認知度が低い点です。たとえば白川英樹さん、田中耕一さんは日本の学術賞でもっとも権威があるといわれる日本学士院賞をもらっていません。

したがって第二には、その分野ではけっして主流派ではない点。どちらかといえば、みなさん非主流的な研究で業績を上げ、それを海外から高く評価されるというパターンが多いのです。

この二つのことは、実は、硬直化した組織ヒエラルキーや学閥の狭い縄張り意識にとらわれがちな、わが国の学界が抱える構造的な欠点を示してもいます。

また三つ目、「受賞の知らせが突然にきた」というのも共通項です。つまり、事前の下馬評（とくにマスコミの予想）は当てにならないということです。田中さんなどは受賞の報を伝えられたとき、ドッキリカメラじゃないかと思ったといいますから、本人たちはまったく受賞を想定していないケースが多い。言葉をかえれば、無欲、少欲の人が賞に値するということでもあるのでしょう。

そして第四が、謙虚で控えめな人柄の人が多い点です。受賞におごることもないし、賞を機会に自分をPRするような自己顕示欲とも無縁で、世間の評価とは関係なく、賞の後も賞の前と変わることなく、自分の研究に黙々と取り組んでいる。私がアメリカで学んだ「偉い人ほどいばらない」を地で行く人が多いのです。

要するに、いい仕事をする人、すぐれた成果をあげる人は、謙虚で控えめで、日が当たろうが当たるまいが、いばることなく、くさることなく、自分の信じる道を尺取り虫みたいにコツコツと歩む――そんな、いっけん「でくのぼう」にも見える特性を備えている人なのだと思います。

病気にも「ありがとう」といえるお人よし

ものごとを単純に考えて、あまりむずかしくとらえない。こういう人も神に祝福されやすい人だといえます。

たとえば、いつも周囲の人に感謝しなさい、何に対しても、「ありがとう」の思いをもちなさい。そうすれば必ずいいことがある。そんなふうに人から諭されて、「はい、そうしましょう」と素直に応じる人は少ないでしょう。たいていの人は、それなら自分の悪口をいう人間にも感謝しなくてはならないのか、病気になってもありがとうといえというのかといった疑問を抱くはずです。

自分に向けられた悪意にたいしても感謝できるか――これは人間にとって、いわば宗教性を帯びた重要な命題ともいえるものですが、この問いを突きつけられたとき、私は一人の人物の逸話を思い出します。良寛です。

いうまでもなく、江戸時代の僧侶《そうりょ》でありながら生涯寺をもたず、酒を愛し、多くの詩歌を残した、あの良寛和尚です。その良寛が舟に乗ったとき、船頭が意地悪をしてわざと舟を揺らして良寛を水中に落としてしまう。溺《おぼ》れそうになっている良寛の姿をさんざんあざ笑ったあとで、ようやく舟に引き上げる——そんな悪質ないやがらせを良寛は船頭から受けるのです。

ところが良寛は、その船頭をとがめるどころか、「おかげさまで命を助けていただきました」とていねいに礼を述べる。そういうエピソードです。

このとき良寛の心のうちを占めていたのは、どんな心情だったのでしょうか。屈辱感を抑えて相手の愚行を許そうとする大きな寛容の心か。それとも、そもそも人間の心に悪意というものを認めない、したがって、ただ助けてもらったことへの十全な感謝の思いか。

私はその両方であったような気がします。子どもの心こそ仏の心といって、実際に子どもとよくかくれんぼをしたり、手まりをして遊んだという良寛はほんとうに子どものような単純な心で、何にたいしてもありがとうと感謝する。そういう鈍な生き方を貫いた人物であったようです。

人間は悪行、善行、どちらも行える、天使でもあれば悪魔でもある存在ですが、良寛はおそらく、人間の本質を悪よりも善に見いだす。そういう心境にまでなっていたので、自分にたいする悪意に感謝で報いたのだと思うのです。

それは「お人よしの極み」であり、見方によっては「究極のアホ」ともいえる生き方ですが、一つのたしかな幸せな人間の生き方でもあったと思います。

こういう例を見ると、良寛がみずからを「大愚」と称したように、**いいときはもちろん、悪いときも、とにかく「ありがとう」という感謝の念を抱く、単純素直でスケールの大きな愚かさにかなうものはないと思えてきます。**意地悪をした船頭と、その意地悪に感謝でこたえた良寛。どちらが天の意や理《ことわり》にかなうものかはいうまでもありません。

生命科学、とくに遺伝子の研究などをしていると、そもそも私たちは、私たち自身の命にたいして、まず「ありがとう」をいわなければならない奇跡のような存在であることを痛感させられます。

たとえば遺伝子がもつすべての生命情報はたった四つの文字（塩基）から成り

立っています。その四文字の記号の無限の組み合わせによって、生物のあらゆる活動が行われ、すべての特質が決定されている。人間のような複雑で精妙な生き物の設計図も、世界で六十九億人いる人類の一人ひとりを個体として特徴づけているのも、みんなもとをただせばたった四つの化学文字にすぎないのです。

いってみれば遺伝子は、四色の絵の具で六十九億の異なる顔つきや体つきや性格までを描き分けていることになる。しかも、その膨大な遺伝情報はすべて細胞のDNAという極小の部位に書き込まれている。

この生命の神秘一つを考えただけでも、私たちがいま、ここに生きていることはただそれだけで感謝の対象になりうるといわなくてはなりません。だから、生きていることや、健康であることにありがとう、病気になってもありがとう。こういう精神で、人から愚かといわれるくらい単純素直に生きていくのがいい。

病気になっても、ほんとうにありがとうといえるのか？　けっしてむずかしいことではないはずです。なぜなら、大きな病気をした人ほど命の大切さに気づき、生きている生かされていることへの感謝の念がわいてくるからです。健康なときには、その当たり前のことがわからない。病気がそれに気づかせてくれる。だから病気にもありがとう、なのです。

単純とは力のことだと私は思っています。複雑な思考能力やものごとを疑う力は万物の霊長である人間の特徴で、人間を進化させてきた源でもありますが、それは人間に苦しみや生きにくさももたらしました。

ですから、腹が減ったら飯を食い、家に帰りたくなったら帰り、眠くなったら眠る。ときには、そんな動物みたいな単純明快で、「大愚」な生き方をすることが人間を生きにくさから解放し、生きる強いエネルギーを充塡《じゅうてん》してもくれるはず。生き方上手な人とは、単純さの効用をよく知っている人のことなのです。

「根拠のない自信」から始まったイネ遺伝子解読

遺伝子はすべての生物に存在するもので、むろん植物にもあります。その是非がいわれている遺伝子組み換え食品などは、作物の遺伝子の配列を変えたりして、害虫や災害に強い品種を生み出すことで作物の生産性を高めようというものです。

日本人の主食であるお米でもそれは行われていて、花粉症の予防に効果のあるコメだとか血糖値を下げるコメなどの研究開発も進んでいます。

そうした研究をさらに進展させるために、私はイネからすべての遺伝子を取り出し、その「暗号（塩基配列）」を解読するという大規模な研究に携わってきました。

おかげさまで、そのイネ遺伝子解読のプロジェクトは世界にさきがけて大きな成果を得ることができ、約三万個あるイネ遺伝子のうち、その半数以上の意味や機能をほぼ九九・九九％の精度で解読することに私どものチームが成功。その結果、イネ遺伝子の解読や応用において日本は目下、世界のリーダーシップを握っています。

そして、このイネゲノムの解読も、私の単純な思い込みとあまり根拠のない自信からスタートして、愚直なまでにコツコツと研究を進めることによって成功ま

でこぎつけた、「アホ」ならではの成果といえるものです。そのことを少し話してみましょう。

当初、イネゲノムの読みとりにおいて世界に先行していたのは、実は日本ではなくアメリカでした。あまりコメを食べないアメリカがなぜイネを？　この疑問には、私は講演などで「米国だから」と答えていますが、それはまったくの冗談でもなく、アメリカはいまやコメの一大生産国なのです。それもみずから食べるのではなく、ほとんどを輸出しています。

これにはアメリカの周到な世界食糧戦略が背景にあります。なぜなら、コメは日本だけでなく世界の主食です。世界の人口の約半分がコメを主食としており、発展途上国では、貴重なタンパク源としてもコメをたくさん摂取している。しかも、世界はいま爆発的な人口増加や作物のバイオ燃料への転化などによって深刻な食糧危機にさらされてもいます。

そういう状況下で、食糧の中心であるコメを大量供給できる国は世界の胃袋を左右できる力をもつことになります。それによって膨大な利権を手にすることもできる。その覇権を掌中にしたいとアメリカが考えているのは明らかで、そのために彼らはイネの遺伝子研究に大きな重点を置いてきたのです。

フィリピンのマニラへ行くと、アメリカが運営するイネの研究所があり、そこには世界のイネの専門家をはじめ、イネに関する世界中のありとあらゆる資料文献などが集められています。なかには日本最古の書物『古事記』もある。『古事記』の中に、古代の神が稲穂を手にしながら降臨する場面があるからです。

こういうことをアメリカはもう四十年も前からやっている。イネの研究にかぎらず、アメリカほど長期戦略に長《た》けている国はありません。

しかし他のことならともかく、イネに関してアメリカの独走を許すわけにはいきません。アメリカは私を育ててくれた恩義のある国ですが、ことイネに関してはその後塵《こうじん》を拝するわけにはいかないのです。

なぜならイネは日本という国の象徴であるからです。古くから日本人の食の中心をなしてきた食べ物であるというだけでなく、この国に住む人間の心も形成してきた「日本の根っこ」ともいうべき植物です。日本人の生き方やものの考え方を規定し、生活形態や心情を形づくり、この国の歴史や文化の源ともなった日本のDNAそのものです。したがって、イネの遺伝子はそのまま日本人の文化を形成した遺伝子といっても大げさではない。

その遺伝子解読の覇権をアメリカに握られていいものか。日本人のアイデンティティを守るためにも、それは日本人自身の手でやり遂げるべきことである。私の中には、そういう大和魂みたいな負けん気がむくむくと頭をもたげてきたのです。

理屈を超える「思い」の強さが成否を分ける

他にだれもやらないのなら、よし、私がやってやろう——生来、ちょっとおっちょこちょいなところがある私はそう決意しました。当時は、ちょうど大学を定年退官した時期にあたり、以後、第二の人生をイネの全遺伝子暗号の解読に捧《ささ》げようと心に決めたのです。

しかし、何をするにも先立つものはお金です。私は解読プロジェクトに研究予算をつけてもらうべく、政府や自由民主党の多くの要人に会って、イネの遺伝子解読の重要性を説いて回ることになりました。

あるとき、ある要人から「予算をつければ勝てるのか」と聞かれました。先行するアメリカにいまから追いつき、追い越すことができるのか。お金を出すほうからしたら、当然の質問です。私はとっさに「勝てます」と断言しました。

ここらが私のあまり利口でないところなのですが、勝てる目算は正直ありません。むしろ負ける確率のほうが大きい。にもかかわらず、勝てますと胸を叩《たた》いてしまうのです。しかし、まったくの安請け合いかといえば、そんなこともありません。

どこか根拠には乏しいが、できるはずだ、やってみせるという自信があるのです。思い込みにすぎないといえばそうなのですが、その思い込みが「絶対できる」という心定めにまで高まって、しっかりと肚《はら》に据えられているのが自分でもわかる。そして、その覚悟や情熱があれば、得られる結果はそう悪いものではないだろうという、ナイト・サイエンスが教える楽観的な直感も働いていました。

「しかし、勝つためには少なくないお金が早急に必要です」

「いくら必要なのか」

この質問にも、私はあまり考えることなく即答しました。

「百億円、でしょうか」

いってしまってから、私は内心で「しまった、大きく出すぎたかな」と後悔したのですが、驚いたことにその後、私のこの〝言い値〟がそのまま検討の対象になり、最終的には担当省庁の調整を受けて、私たちのイネの全遺伝子暗号解読プロジェクトには四十億円という大型の予算がついたのです。

もちろんそれは、お会いした要人の方や折衝関係者の方が、イネとイネの全遺伝子暗号解読の大切さ、そのためのプロジェクトの重要性に深い理解を示してくれたおかげです。

しかし、ほんとうの苦労はそこからでした。アメリカが物量作戦でゲノムの端から端までをすべて解読する方法をとっていたのにたいして、私たちはピンポイント作戦と名づけて、ゲノムの中から役立つ情報をもつ遺伝子だけを引き抜いてきて、その解明を行うという効率のいい方法をとりましたが、それでも人手も足りなければ、時間的な余裕もありません。

おまけに、プロジェクトチームは寄せ集め集団で、それぞれの思惑がからんで、なかなかチームワークがうまくとれない。一時は、空中分解かというピンチを迎えてしまいました。〝大言壮語〟して引き出した多額の国の予算を使ったあげく、できませんでしたでは私は切腹ものです。一時期はずいぶん思い悩み、七、八キロほど体重も減りました。

しかし私は、そこでも開き直りに近い方法をとりました。つまり、研究のこまかい部分はある企業にまかせて、自分は最終責任だけをとる。そういう産学協同のかたちを徹底することで難局を乗り切ることができたのです。

そうして私たちは旧農林省生物資源研究所と理科学研究所と協力して逆転ホームランによる勝利を収めることができました。イネの全遺伝子解読に関しては、アメリカを追い抜いて単独トップに立つことができたのです。今後の競争も熾烈《しれつ》で息が抜けないものですが、現時点では、日本は自国文化のルーツであるイネの遺伝子研究に関して世界のリーダーの地位を保っています。

プロジェクトを始めるとき、少なくない人から、「いまからアメリカに勝てるわけがない、そんなバカなことはやめときなさい」と忠告されたものです。しかし、そのアホなことでも、それが大切だと思えば、必ずやるんだと思い込みでいいから覚悟を決める。そして、たとえ紆余《うよ》曲折があろうが最後までやり抜く。

そんな愚直な情熱や粘りが成功へたどり着くために大切なのではないでしょうか。

世の中のことの多くの成否は「思い」が分けるものです。論理や理性、計算やソロバン勘定、そういうものもむろん重要ですが、それが役立つのはたいていブレーキ役としてです。ものごとを前に進める推進力や人心を掌握する求心力となるのは、理屈では測りきれない、あるいは理屈を超える思いの強さ、願望の堅固さです。

だから、理屈で考えたら無理なことでも、いったんやると思いを定めたら、あとは迷わず、後ろを振り返ることもなく楽観的に前を向いて進む。そういう「アホの一徹」がきわめて大切になってくるのです。

科学にこそみずみずしい感性が必要

理屈を超える思いの強さが大切などというと、科学の世界に生きている人間にしては「非科学的」なことをいうと批判する人もいるかもしれません。もちろん私は、論理を否定しているのではありません。ただ、論理や合理だけで人間の抱える問題がすべて解決できるわけではないと考えているだけです。

それはたとえば、企業の実力や将来性が株価や財務表だけでは計りきれないのと似ています。むしろ社員のやる気やトップの器など、数字には反映されにくい要素こそが企業の力を測定するものさしとしては正確であることが多い。

だから、理屈で説明できない部分にもたくさんの真実が潜んでいる——そのことを前提にして、科学や論理を私なりに追究してみたいと思っているのです。

科学という理詰めの世界においても、その理を突き詰めていくと、「理屈じゃない」世界に突き当たることがあります。さしずめ遺伝子情報が書き込まれているＤＮＡの形状などは、その代表例といえるかもしれません。

生物の基本単位は細胞で、遺伝子はその細胞の核の部分に、ＤＮＡと呼ばれる物質として存在しています。一般には、ＤＮＡイコール遺伝子と考えられていて、それでも間違いではないのですが、正確には、ＤＮＡは物質につけられた名称で、遺伝子はそのＤＮＡの役割や働きにつけられた呼び名です。「ＤＮＡという化学物質が遺伝子として働いている」のです。

ＤＮＡは糖とリン酸という構造の簡単な物質が交互につながった二本の長い鎖のような形をしています。特徴的なのは、この二本の鎖が右巻きのらせん状にからまり、長い長い二重のらせん階段のようになっていることです。

その二重らせんはＤＮＡの一大特徴で、人間から大腸菌、アメーバにいたるまでDNAはすべて二重らせん構造をしています。そして、遺伝子やDNAの研究に携わる人で、この二重らせんの精緻《せいち》な美しさに心を打たれない人はほとんどありません。

その働きのかぎりない玄妙さも、その形の神秘的なまでの美しさも、まさに「生命の結晶」と形容するのにふさわしいもので、こうしたどこか絶対的な美にふれると、人はおのずと人知を超える、つまり論理を超える、たとえば神のような存在を想定したくなってくるのです。

私も最初にその二重らせんを見たとき、深いため息とともに、「科学は美しいものだ」という思いに胸をひたされました。論理をどんどん突き詰めていって、細胞やDNAという極小の単位まで達してみると、そこには、筆舌に尽くしがたいほど精妙で美しいものが存在している。

その精緻さ、美しさを理屈や言葉で説明することはとうてい不可能である。しかし、これは絶対的に正しいものだ、まぎれもない真実だという確信が圧倒的に胸に迫ってくるのです。これはいったいどういうことなのだろう。だれが何のためにこれをつくって、文字どおり、生命の核として、命の種として活動させているのだろう。

　以来、私は科学をぎりぎりまで突き詰めていくと、科学を超えるものに必ず突き当たるという、あまり科学的でない確信を心の根っこに据えてしまったのです。

　科学の進歩はすさまじいもので、細胞の仕組みや働きはほぼ完全に解明されています。また、一つの細胞から一個の生命体をつくり出す技術も発明されている。しかし、そもそもその細胞をゼロからつくり出すことが科学にはできません。生命のコピーは可能でも生命のオリジナルを生み出すことが科学にはできないのです。このことは科学の可能性と同時に限界も示しています。

　したがって科学がどれほど進歩しても、すべての事象を解き明かしているわけではない。どんなに精密な論理でも、それですべてが説明できるわけでもない。むしろ合理や論理の外にこそ、われわれがほんとうに知るべき世界が広がっている。その不可知な世界に少しでも知性の触手を伸ばすための手段として科学はあるのではないでしょうか。

私がこういっても説得力を感じない人には、二十世紀最大の科学者であるアインシュタインの言葉を紹介しましょう。彼は思考法を問われて、こう答えました。

「私は一〇〇%、イメージによって考えます」

このイメージとは、つまり数字やロジックを超える直感やインスピレーション、みずみずしい感性のことでしょう。科学にこそ豊かな感性が必要であることを、この偉大な科学者は強く示唆しているのだと思います。

そのアインシュタインは学校時代は落ちこぼれでした。相対性理論を発表した彼の論文も実は欠陥だらけで大部分は理解不能、しかも間違いが多いので有名です。「これを書いたやつは頭が悪い」と周囲からけなされた論文で、しかし、その中のごく一部に $E=mc^2$（エネルギー〔E〕と質量〔m〕は変換可能）という、原子爆弾開発のもととなった有名な方程式が記されている。

大げさにいえば、その燦然《さんぜん》たる一行によって、アインシュタインは科学の歴史を変えたといえます。重力の影響を受けると、まっすぐ進むはずの光も曲がり、時間の流れも遅くなる。こんなことは当時の科学常識からいえば、およそ非合理的で、理屈に合わないことであったにちがいありません。

しかし、その合理や理屈を超えるところまで豊かなイメージをふくらませたことによって、科学は大きく進歩することになったのです。美的感覚、インスピレーション、想像力など、非科学的と呼ばれるものが実は科学を大きく進める動力になる。同じように、常識や既成概念のカラを突き破って新しいものを生み出す人は、周囲から「頭が悪い」といわれるアホかもしれないのです。

研究されはじめた「祈り」の医学的効果

ある大学病院で卓抜な技術をもつ外科医にお会いしたとき、その方は「私は手術の前に必ず祈ります」とおっしゃっていました。手術に祈りが必要だとは授業でも教えないし教科書にも書いていないことでしょうが、どうぞ自分に力を与えて、患者さんの命を救い給《たま》え――そんなふうに一人ひそかに祈るのでしょう。

医学にも祈りがあるのかと私は感動を覚えました。そう、科学の中にも祈りがあるのです。この医学における祈りを、いま先進諸国が真剣に検討しはじめています。

たとえばアメリカでは、西洋医学だけに頼る医療の割合が半分を切ろうとしているというデータがあります。その代わりに、漢方薬、鍼灸《しんきゅう》、瞑想《めいそう》、音楽、信仰などが医療に及ぼす影響についての研究が活発化して、国も予算を出して、この代替医療を積極的に活用するよう奨励しているのです。

とりわけ、ハーバード大学やコロンビア大学などアメリカの権威ある大学が「祈り」の治療効果に関する研究に前向きで、「精神神経免疫学」などと呼ばれて、いまや最先端の研究分野になりつつあります。

これにたいして、科学の分野からは、そんな「いかがわしい」ことに国家予算までつけるのはナンセンスという批判があり、宗教の側からは、祈りという聖なるものに科学のメスなど入れてほしくないとする反対意見が出ているそうです。

しかし考えてみれば、人間はむかしから体の健康は医学によって保持し、心の平安は祈りによって得る。そのようなかたちで医学と祈りを何となく共存させてきた生き物なのではないでしょうか。医者が見放した重篤な病も、神仏の祈りを捧げることで症状が多少なりともやわらぐ。そういうことも珍しいことではありません。

祈りや思いの医学的効果を傍証的に示しているものに、いわゆるプラシーボ効果があります。有効成分のまったく含まれていないニセ薬を、「これはすばらしい新薬で、この病気にはとてもよく効きます」といって患者に与えると、実際に医療効果があらわれる場合があるのです。このプラシーボ効果を私の研究分野から分析してみれば、患者さんの心に「いい薬を飲んだのだから、症状が改善されるのではないか」という期待感や、「きっと大きな治療効果があらわれるだろう」といった自己暗示が強まり、そのポジティブな思いが免疫力を活性化する遺伝子のスイッチをONにするという可能性が考えられます。

プラシーボ効果とはつまり「思い込み」の効果でもあり、思いに効果があるのなら、その思いがより濃く凝縮されている祈りにはもっと効果があると考えても

不思議はありません。私は科学者ではあっても医者ではありませんから、これ以上の言及は差し控えますが、思いや祈りという精神の活動が体の健康に小さくない影響を与えることは医学的にみてもたしかなはずなのです。

西洋合理主義は医学と祈りを水と油のように混じり合わない、対極にあるものと考えてきましたが、実はそれほど遠く隔たったものではないのです。それどころか医学の中にも祈りがある。たとえば、病気になったことが祈る心を生み、その祈る心が病気を緩和する。あるいは病が気から生まれる一方で、体を治すことで心のあり方も好転していく。そういう双方向の相関関係が十分に考えられるのです。

科学と祈りが共鳴するとき

医学と祈りの関係はそのまま、科学と信仰（宗教）の関係にも広げることができるでしょう。この科学と信仰もまた縁遠いものと考えられてきましたが、私の中ではけっして矛盾するものではありません。私は科学者も一種の〝信仰者〟であると思っています。

何にたいする信仰かといえば、それは「真理」です。物理や化学など、この世界のすべてを成り立たせ、生かし、動かしているあらゆる原理や法則。科学者というのは、その原理や法則をそれぞれの分野で見いだそう、見極めようと悪戦苦闘している人たちです。

私のように遺伝子という極小の生命単位の営みや働きを解き明かそうとする科学者もいれば、宇宙物理学のように極大な宇宙の運行や天体運動の法則を見つけようとしている科学者もいます。そしてようやく発見した定理を普遍の「科学的真理」として発表し、尊重し、敬いもします。この点で、科学者は真理の信奉者であり信仰者なのです。

また宗教の信仰者もやはり、生命とは何か、人が生きるとはどういうことか、宇宙はどうしてできあがったのかといった大きな原理への知的欲求があります。

ただ彼らはその真理を創造したり、つかさどる存在として一つの神を想定し、その神や神の教えのもとで世界の成り立ちや人間存在の意味を理解しようとします。つまり科学と宗教、この二つのものは科学的と哲学的、論理的と直感的というアプローチの違いはあれ、生命や世界の真理の核心へ迫ろうとしている点で共通しているのです。

その一つの例証として、かつて科学と宗教の間には、いまのようなはっきりした境目はなかったことがあげられます。たとえば地動説を唱えたガリレオ・ガリレイやコペルニクスも、エンドウ豆の研究から遺伝の法則を発見したメンデルも、いずれも敬虔《けいけん》なクリスチャンでした。

彼らの時代には、科学と宗教は別個のものではなかったのです。というより、神を研究する神学をルーツとして真理を探究する科学は生まれてきた。科学と宗教は同じ母親から生まれた兄弟にも似た、一つの根をもつ二本の幹なのです。だから、彼らの毎日の生活の中では、科学の探究と食事前の祈りが何の矛盾もなく共存していたはずです。

それを分離させてしまったのは近代の合理主義ですが、しかしいまでも、先述の外科医のように手術の前に祈る、つまり科学と祈りをそれほど無理もなく、あたかも理性と感性、主観と客観を並立させるように、自分の中で共存させている人は少なくありません。

私もその一人です。以前は、私の中で科学と信仰の問題は矛盾するものではないが、かといって交じり合うものでもない、二つが並行して存在するものでした。そのため二つのはざまに立って、自分は両方に〝二股《ふたまた》〟をかけているために、かえってどっちつかずの存在になっているのではないかと悩んだこともありました。

しかし遺伝子の暗号解読に携わって、遺伝子の信じられないほど精緻で絶妙な存在や機能を知ったとき、これは自然にできあがったものではなく、むろん人間がこしらえたものでもない。人知をはるかに超える何か偉大な叡智《えいち》がこれをつくり、生命《いのち》の暗号として無限の遺伝子情報をそこに書きつけたのだという確信が芽生えたのです。

その偉大な何かを私は「サムシング・グレート」と名づけましたが、その時点

から、もともと自分の中にあった科学と祈り、科学する心と祈る心が無理なく交じり合い、共存共鳴するようになったのです。

アインシュタインは「宗教抜きの科学は足が不自由も同然であり、科学抜きの宗教は目が不自由も同然である」といっています。

とはいえ、科学の中に祈りがあるとか、科学者も信仰者であるなどと書くと、いまも科学の世界からはガリレオのように異端者扱いを受けかねないことも事実です。本書の言葉でいえば、バカやアホとも呼ばれかねない。

しかしこれまでにもふれたように、その常識にとらわれないアホ――鈍いけれども深い生き方を心がけている人にこそより大きく、既成概念を変えていく力は潜在しているのです。そのことを次章からもう少し具体的に述べていくことにしましょう。

第2章

陽気であきらめない心

インテリの悲観論よりアホの楽観論

ときどき日本人ほど心配性の人種はいないのではないかと思うことがあります。世界トップの長寿国でありながら病気や健康の心配ばかりしている。世界にこれほど安全な国はまれなのに、近ごろは安心して町を歩けないなどと治安の悪さを嘆いている。

そういう心配がゼロというのではないが、これは顕微鏡で見るべきものを拡大鏡で見ているようなものです。つまり、一部の悪材料を必要以上に拡大解釈して、悩みの種を自分で広げている。なぜそうなのかを考えて、一つ思い当たるのは、悲観的なことは高尚めいて見える点です。ある事柄を肯定的にとらえるよりも、否定的にとらえるほうが、それについて深く考えているように見える。だから、インテリと称される人ほど悲観論をぶちたがるものです。

しかし少なくとも、心や体の健康にとっては楽観論のほうが好ましいもの。問題点はいろいろあるが、まあ、そう深刻ぶらずに、やれるところからぼちぼちやっていこう。困ったことだが、そのうち何とかなるだろう。そんなふうに楽天的におおらかにかまえる人のほうが病気にならないのです。

病気の治る人とは病気を忘れてしまう人という説があるそうです。病気になると治そう治そう、治りたい治りたいとがんばる人がいますが、こういう人も病気に意識やエネルギーを集中させることでかえって病気にとらわれてしまい、治りにくいタイプに分類されてしまうというのです。納得できる話です。

反対に、**すべき治療をしながら、その結果については「前向きに放棄している」人。プロセスに力を尽くすが、結果は天の意思に預けてしまう人。こういう人は病気に心をとらわれることが少ないので、そもそも病気になりにくく、また、治りやすいタイプなのです。**

このへんのサジ加減を、鎌田實先生が「がんばらない、(でも)あきらめない」と表現していますが、そうした「楽観的なあきらめ感」というのはストレスをためない点でも、人生を上手に生きるうえでも、きわめて大切なものといえるでしょう。

プロローグで紹介したアップルのスティーブ・ジョブズは自分でつくった会社をクビになった直後、築き上げてきたものをすべて失った気がして、しばらくの間は精神的にどん底をさまよったといいます。しかし、やがてアップルを追い出されたことは人生最良の出来事だったと感じるようになり、もう一度、一から出直そうという気持ちを取り戻すことができたそうです。

その変化をジョブズは、「成功者であることの重みがビギナーであることの軽みに変わったから」と述べています。それまで構築してきたものを失ったことは大きなショックであったにはちがいないが、同時にそれは、自分の背中からよけいな荷物を下ろし、そのぶん自由度が増して人生をリセットすることにつながったというのです。

そして彼はピクサーという新しい映像制作会社を興し、生涯の伴侶《はんりょ》となる女性とも出会い、ふたたびアップルへ戻って傾きかけていた同社を再興させていくのですが、そうしたこともアップルをクビになっていなければ何一つ起こらなかった。だから、人生には「ひどい味の薬」が必要なのだとも述べています。

ここから学べるのは、ものごとは見方一つ、とらえ方一つで重くもなれば軽くもなるということです。否定的に考えようとすれば、いくらでも否定的に考えられること、この場合は、持てるものを失ったことを「しがらみから自由になった」と肯定的に考えることによって、心のありようがガラリ一変して、前へ進む力になったのです。

人生における失敗やつまずきはたしかに「ひどい味の薬」といえます。しかしそのことを、「薬であるにせよひどい味だ」とネガティブにとらえるか、「ひどい味だが薬にはちがいない」とポジティブに考えるかで、失敗から得るものもずいぶん違ってくるはずです。

楽観論は悲観論より「アホ」かもしれないが、人生を強く生きるためのダイナモとしては悲観論よりよほど強力なものなのです。

「軽さ」が行動力を生みチャンスを広げる

私も楽天的な人間で、たとえば道に迷っても、そのおかげでふだんは見られない風景を見られたからいいやと満足してしまうような、能天気といえば能天気な性格です。

人にものを頼まれても、あまり後先考えず、ほいほいと引き受けてしまうことが多く、若いころは先輩などから、「もう少しどっしりかまえたらどうだ。安請け合いしていると人間が軽く見られるぞ」などと忠告を受けたものです。

そのときはそうだなと反省もするのですが、気づくと、また気軽に引き受けている。それで失敗もありますが、そもそも本人が前向きにやったことの結果であるせいか、その失敗をあとへ引きずることはめったにありません。

また、気軽に引き受けてから、しまったなと後悔することもないではない。しかしたいていの場合、まあ、何とかなるだろうと楽観視しています。引き受けたからには何かしら行動しなくてはならず、よくしたもので行動していれば、そのうち少しずつ局面が開けてきて、解決策の糸口くらいは必ず見えてくるものだからです。

つまり、こういう**楽天的な性格にも損得両面があるのです。人間が軽く見られるという欠点もある代わりに、性格の軽さが足腰の軽さに通じて、どこへでもフットワーク軽く出かけていって、だれとでも会う。そのことが思わぬ出会いやチャンスを広げてくれるというメリットがあるのです。**

牛の脳下垂体から純粋のレニンを抽出し、さらにそれが高血圧の黒幕であるヒト・レニンという酵素の遺伝子解読までにつながっていった成果も、私自身のその〝安請け合い癖〟が呼び水となってもたらされたようなものです。

というのは当時、私は二度目の留学でアメリカで研究を続けていたのですが、日本の恩師にあたる先生から、

「筑波大学という新しいアメリカ型の大学をつくる話があるから、帰ってこないか」

という誘いをいただき、あれこれ迷ったすえに、その話を引き受けることにしたのです。

帰国したのは一九七〇年代なかば。のちの学園都市も、当時は一面に田んぼが広がる中に新設の大学校舎の一部がぽつねんと立っているだけで、大学にはまだまともな実験室もありませんでした。それでも夏休みにはアメリカへ戻って研究を続けたりするうちに、しだいに陣容が整い、研究環境も充実してきました。

さらに新生の筑波大学を一流の大学たらしめるにはどうしたらいいのか。赴任して数年後に、大学運営の舵取《かじと》りを行う企画委員に選ばれた私は自分の研究に加えて、そのような大学全体の「格」を上げるための任務も負うことになり、そこで私はこういうことを考えました。

大学の業績といえば教育と研究にしかない。教育は学生を育てて世に送り出すことだが、創立数年の新しい大学にはその実績はまだ浅いものでしかない。残るは研究である。何よりすぐれた研究成果をあげることが筑波大学の名を内外に知らしめ、大学としての質や格を高めることにもなる――。

私のおっちょこちょいが顔を出すのはそこからです。メンバーの前で研究成果をあげることの重要性を力説したあとで、ついては研究というのは千日が一つの区切りで、どんな研究でも三年を目安に全力を傾注すれば何らかの成果はあがるはず。だから三年先をめどに、これから全学的に〝勝負〟をかけましょうと提案したのです。

それだけでなく、その後、個人的に学長を訪ねて、「世に問える、できれば世界に問える研究成果を出そうということになりました」と報告し、「ついては、いい出しっぺの私の研究室からそれを出す決意です」と壮語してしまったのです。

この時点で、そうできる自信もなければ、確たる根拠もありません。自分からいい出したからには、自分の研究でいちはやく成果をあげなくてはならないという責任感に促されての言葉なのです。

「そんなことをいってくれた先生ははじめてです。おおいにやってください」と学長は喜んでくれましたが、冷静に見れば、自信も根拠もないことを「できる」といっているのだから、私は自分で自分を追い込むようなまねをしているのに等しい。しかしどこか楽観的で、当の本人はまあ、何とかなるだろうと、それほど追い込まれた気分でもありませんでした。

そして実際、この安請け合いをバネに牛の脳下垂体との格闘が始まり、前にも述べたように、「鋭」の方法よりむしろ「鈍」なやり方を積み重ねることで、私は世界初の成果を三年以内に出すことに成功したのです。

もし私が、石橋を叩《たた》いて渡るタイプの、慎重で先も読める頭のいい人間だったら、おそらくいい出しっぺにもならなかっただろうし、自分の研究室から成果を出すなどと安請け合いすることもなかったでしょう。その点で、たしかに私の行動は「軽い」というそしりを免れないものであり、けっして利口ともいえないものです。

しかし、その軽さがないと、人間の行動に「動き」が出てこないのも事実です。そして行動に乏しければチャンスにめぐり合うことも少なく、そういう人の多くは失敗もしない代わりに、成功からも縁遠いものなのです。

とにかく、小さい一歩でも前に進むことが肝心なのです。

肚を決め天にまかせると楽天的になれる

三年以内に結果を出しますと宣言したとき、私は学長から「もし、成果が出せなかったときはどうするのか」と念を押されました。私の答えは「そのときは大学を辞めます」というものでした。

やれるはずだ、やらなくてはいけない、何とかなるだろうといった考えが頭の中をめぐり、「できない」というネガティブな予測はほとんど浮かんできませんでしたが、それでも、もしダメだったらどうするのか——そのときは責任をとって辞職すればいい。そういう覚悟を決めていたのです。

覚悟というと悲壮な感じですが、本人にそれほど悲壮感はありませんでした。強がりでも開き直りでもなく、まあ、ダメだったら、辞めればいいじゃないか。食いっぱぐれたら、田舎《いなか》にでも帰って一から出直せばいいのだからといった程度で、あまり深刻には考えていなかったのです。

そんなふうに楽天的になれた理由の一つには、アメリカでもまれて肚《はら》が決まっていたことがあります。向こうでは業績を上げなければクビが当たり前という厳しい研究環境に置かれていたので、そのことに免疫ができていたのです。

もう一つには、**「一生懸命やれば、天が悪いようにはしないだろう」という安心感に近い気持ちがありました。私は、自分のしたことの結果については「天にまかせる」という思いが強い人間で、きっかけはどうであれ、こうしよう、そうであろうと懸命に努める人間を神が粗末に扱うことはないだろうという確信がありました。それが私の楽天性の源になっていたのです。**

そして、いまの自分は、自分以上のものでもなければ、自分以下のものでもない。その「たったこれだけの自分」として、できることを精いっぱいやる。それも一年先や一か月先のことまで先回りして考えず、まずは今日一日をまっとうすることに傾注する。

また、**人はいい結果を得ようとしたら、いいプロセスを経るしかない。逆にいえば、いいプロセスさえ経れば、おのずと結果はついてくる。だから、うまくい**

くだろうか、この先どうなるのだろうと不安やマイナス思考にとらわれるヒマがあったら、いいプロセスを積み上げていくことに力を注ぐべきだ。そういう思いが私の背中を強く押していたのです。

つまり、必ずやるんだという熱意。何とかなるさという楽観。思いついたら即行動というフットワークの軽さ。いざとなったら責任をとる覚悟。こうした要素がものごとの成就に必要になってくるわけです。

もう一つ忘れてならないことがあります。疲れたら休むという息抜き、これもきわめて大事な要因です。

日本人の勤勉は世界に知れ渡っていますが、その裏返しで、息抜きが下手なのもわが民族の一大特質といえます。下手をすると、趣味や遊びの時間にも肩ひじ張って全力投球してしまうので、それが遊びや休みにならない。そんな何ごとにもきちんとしないと気がすまないまじめさが日本を大国にまで押し上げましたが、半面、自殺率でもトップクラスという悲劇的なデータも出ています。

ものごとをなすのに、まじめさは第一に指を折るべき大切な要件ですが、まじめだけでも行き詰まってしまいます。いつも全力投球、全力疾走では体がもたない。**ときにはすべてを忘れ、体から力を抜き、頭を空っぽにして遊んでみる。異なる分野の人にたくさん会って、ふだんとは違う回路の頭の使い方をしてみる。**

そんな緩急をつけた時間の使い方、生き方をすることが仕事の中身を濃くすると同時に、息抜きの時間も有効にするのです。お酒も百薬の長で、飲みすぎはダメですが、適度に飲むのは健康増進に役立つ。そのように緊張と緩和のバランスをうまくとることが大切になってくるのです。

寄り道、息抜きが呼び寄せた幸運

酒食をともなう人事交流、飲み食いしながらの情報交換はイート&ドリンク・コミュニケーションと呼ばれて、海外の研究の場でもさかんに行われています。それが新しく思いがけない発見の呼び水になることも珍しいことではありません。

私にもそんな、お酒がきっかけとなってピンチをチャンスに変えた経験があります。

三年で成果を出すと公言して、ヒト・レニンの大腸菌を使っての製造やその遺伝情報の解読に懸命に取り組んでいた矢先、パリのパスツール研究グループが私たちと同じやり方で、ハツカネズミのレニンの遺伝子解読に成功したという報が入ってきました。

この研究は、まず動物のレニンを用いて遺伝情報を解読し、次に、その結果をベースにしてヒト・レニンの解読に進むという二段階で行っていましたから、この知らせはその第一段階で、私たちが完敗したことを意味していました。

私は意気消沈している研究室の仲間に、これは第一ラウンドでの負けにすぎない。まだ第二段階が残っていると発破をかけました。しかし、その後パスツール研究所とハーバード大学がヒト・レニンの研究にすでに取り組んでいて、遺伝子暗号を八割がた読みとっているという情報が入ってきました。内心、さしもの楽天家の私も「これはダメかな」と思ったものです。

そこで私は動くことにしました。落ち込んでいてもしかたがないと考え、敵情視察や情報収集をかねてフランスのパリへ飛んだのです。しかし、そこでわかったのはウワサはほんとうだということでした。

これにはさすがの私も打ちのめされました。パスツールとハーバード大学、いずれも研究においては横綱級の相手に先行されたわけで、これはどうみても勝ち目はなさそうです。

その後、学会へ出席するためパリからドイツのハイデルベルクへ飛んだ私は、街角をぶらぶら歩いたあと一軒のビアホールに入りました。そこでビールを飲んで、酔っ払って眠ってしまおうと思ったのです。

するとそこに一人の日本人が入ってきました。しかも、その人は私の知人であり、遺伝子工学では世界でもトップクラスの新進気鋭の学者である京都大学の中西重忠先生でした。そういう人物と異国の空の下で偶然に邂逅《かいこう》する。そのめぐり合わせに、私は少し興奮しながら、中西先生相手に一時間ほど、自分が置かれている現在の状況を説明しました。

「……そんなわけで、世界の強豪にはさまれて白旗寸前なんですよ」とグチも混じりましたが、やがてアルコールが回ってきたのか、こんどは中西先生の目の色がだんだん変わってきました。

「村上先生、勝負はまだこれからです。遺伝子の解読は最後の最後がむずかしいんです。逆転のチャンスは十分ありますよ」

先生はそう強く励ましてくれ、それから二人は「昼間からワイン片手に研究をしているパリの連中なんかに負けてたまるか」などと、ビールを片手にしている自分たちのことは棚に上げておおいに盛り上がりました。酒の勢いもあってか、中西先生は私の研究に全面的な協力と応援を申し出てくれ、京大の研究室も使えるよう便宜まで図ってくれることになったのです。

中西先生のバックアップがあれば鬼に金棒と、私の萎《な》えかけていた意欲にも再度ギアが入りました。そして事実、この異国の邂逅を契機に、材料となるヒト・レニンを含む腫瘍《しゅよう》がある大学病院から提供されるなど、私たちの研究はいっきょに進展することになり、ついに世界ではじめてヒト・レニンの全遺伝子情報を読みとることに成功したのです。

行き詰まった研究からいったん離れ、息抜きをかねて海外へ出かけ、たまたまキーパーソンとなる人物に出会い、いっしょにお酒を飲んだ。そういう本道からは外れた寄り道がきっかけとなって逆転ホームランを生んだのです。すべては偶然のなせるわざかもしれませんが、それは明らかにセレンディピティ（偶然の幸運）のほほ笑みでした。

まじめ一筋で研究室の中に閉じこもり、不安や焦りに頭を抱えているだけだったら、この偶然に出会うことはなかったでしょう。

どんな分野でも、イノベーションは出会いから、それも異なる領域や分野の交流から生み出されることが少なくありません。その出会いや交流は、まず自分から動いてみないことには始まらない。したがって、軽薄だといわれるくらいフットワークが軽い人のほうが伸びるのです。

ものごとが迷路に入ってしまったときは思い切って休んでリフレッシュしたり、場所や環境を変えて新しい人に出会い、新しいものにふれてみる。そんな寄り道

や道草が難攻不落とも思えた壁に風穴を開けてくれることがたしかにあるものなのです。

陽気であきらめない心が奇跡を生み出す

人からはアホじゃないかと思われるような楽観的な思考やフットワークの軽さが、ときに困難な局面を打開し、新しくチャンスを広げてくれる。その可能性について述べてきましたが、そうした「陽」のファクターは明るく前向きな心を生んで、私たちの心や体に元気と活力も与えてくれます。

ポジティブな思いが心身の健康に好影響を与えることはすでに広く知られていることで、この本でも、前章の終わりに「祈り」の医学的効果についてふれました。しかし単に、心と体はつながっているというだけでは片づけられない「生命の奇跡」を人の心が引き起こす。その一つの事例を私は身近で経験しました。しかもその奇跡は、私自身が発した言葉が引き金となったものです。そのことをお話ししてみましょう。

二〇〇五年四月に起きたJR宝塚線（福知山線）の脱線事故。死者百七人という大惨事となり、犠牲者の中には、数年たったいまでも心身の後遺症に悩まされている人が少なくありません。その中の一人に鈴木順子さんという女性がいます。

順子さんは事故発生から約五時間後に意識不明の瀕死《ひんし》の状態で助け出され、病院に搬送されたときはすでに自発呼吸も止まっていました。レントゲン写真に写し出された脳はひどい挫傷《ざしょう》のために激しくゆがんでおり、医者からは「このまま呼吸が回復しなければ、もって三か月」という診断を下されました。

人工呼吸器をつけて集中治療室のベッドに横たわる順子さんの姿に、ご家族も悲しみのどん底に突き落とされましたが、事故から一か月くらいがたったある日、順子さんのお母さんである鈴木もも子さんは何げなくつけたラジオに耳を留めました。

ラジオから流れていたのは私の声でした。そこで私は心と遺伝子の話をしており、病は気からというように、暗く後ろ向きな精神状態は体の健康に悪い影響をもたらす。しかしネガティブなストレスがあるなら、その反対のポジティブなストレスもあるはずで、明るく前向きな「陽気な心」がいい遺伝子のスイッチをONにして、生命力を活性化することは十分に考えられる。そんなことをしゃべったのです。

もも子さんはこの私の話を聞いて、萎えていた心を奮い立たせられる気がしたそうです。ちょうどそのころ順子さんはやっとまぶたを開き、自発呼吸も始めて、その容体に光が見えはじめていました。もも子さんは、「ようし、こうなったら奇跡を起こしてみせる。この子の命のスイッチをONにしてやろう」。

放送後しばらくして、私はもも子さんから先生のお話に勇気づけられましたという電話をいただき、私もたいへんでしょうが、がんばってくださいと励まし、何らかの参考になればと自著を贈ったりもしました。

それからもも子さんは献身的な介護に加え、病室ではいつも家族と冗談をいい合ってニコニコと明るく振る舞い、順子さんが子どものころよく読んであげた絵本をベッドの脇《わき》で読み聞かせるなど、重篤な状態に似つかわしくない、前向きで「陽気な」心と愛情を順子さんにいっぱいに降り注いだのです。

その期待にこたえるように順子さんの命のスイッチは目覚め、やがて手を握り返し、言葉を発し、笑うようにもなって、一年後に退院。いまでは口から食事もとれ、車椅子に乗っての外出も可能になって、自立歩行や言語療法の訓練に取り組んでいます。

いつか京都で行った私の講演にも、もも子さんともども姿を見せてくれ、こちらの心まで明るくなるような笑顔を絶やさない様子に、私は感動を覚え、勇気づけられ、励まされたのはこちらのほうだと思ったものです。

いまだに脳の機能は完全に戻っていないようですが、三か月もたないといわれた生命がここまで回復を遂げたことは担当医も「信じられない」と述べており、医学の常識を超えたものでしょう。

その〝奇跡〟の要因となったのは——私の表現でいえば——明るい、前向き、笑顔といったポジティブなストレスであり、母と子の間の、そうした「陽気な

心」が生命力の遺伝子にスイッチを入れて、順子さんを信じられないほどの回復に導いたのです。

「いい遺伝子」のスイッチをONにする心

前項のエピソードには少し補足が必要かもしれません。

一つは、「陽気」の意味です。ここでいう陽気は、たとえば浮かれ騒いだり、お酒を飲んでドンチャン騒ぎをするような、むやみに明るく、どこか空虚な心の状態のことではありません。

素直、正直、楽観的で、こだわり、駆け引き、曇りのない心。人間の理屈よりも「天の意」に沿って、悲しいときもできるだけ明るく振る舞い、苦しみの中にも楽しみを見いだし、ニコニコと笑顔を絶やさず、喜びを家族や周囲の人に与え、また、ともに分かち合う。そういう風通しのいいほがらかな気持ちのありようのことです。

喜怒哀楽という人間の感情の中では喜や楽に重心を置いて、あまりクヨクヨ思いわずらうことなく、不幸なことがあっても、それを幸福に変えていこうとみずから努める。順子さんやもも子さんたちが心がけた陽気さのことです。

それは、これまで述べてきた「アホ」が単なる愚かさを意味しないのと同じです。本書で述べるアホは、鈍いけれども深い生き方を反映する、利口な人のこざかしさや傲慢《ごうまん》さを超える器の大きな愚直さを意味しています。

損得には疎いが、ゆったりかまえて、自分の信じる道を地道に歩み、回り道や寄り道を厭《いと》わない。お人よしでだまされやすいが、頭のよさより心の豊かさを重んじる。そういう人間本来の、神の望みにも沿った生き方や考え方のことです。

したがって、本書でいう陽気とアホは兄弟みたいなものです。いずれも遠回りはしても、深く大きな幸福を可能にする心のあり方であり、どっちも同じ根をもち、同じ天へつながる生き方を示しているのです。このことについては、あとでもう一度ふれる機会があるかと思います。

補足すべきもう一点は、なぜ、その陽気な心がいい遺伝子のスイッチをONにして順子さんの体を快方へ向かわせたのか。いってみれば「心が体を治す」理由についてですが、もちろんこれには遺伝子の働きが深くかかわっています。

遺伝子にはそもそも二つの大きな働きがあります。①遺伝情報の伝達、②タンパク質の生成の二つです。①は「遺伝」という言葉どおりの機能で、一つの個体の特質や形質を次世代にも伝えていく、言葉本来の意味における遺伝をつかさどる働きです。

背が高いとか声が低いとか、特定の病気になりやすいとか神経質な性格であるといった、親が生体としてもっているさまざまな特徴が子どもにも伝達されることを遺伝といいますが、そうした特徴はすべてDNA上の遺伝子に情報として書かれています。

したがって、DNAが生殖行為によって親から子へリレーされるとき、遺伝情報も親から子へと引き継がれます。子が親に似るのはそのためですが、その遺伝の働きをいわば情報源としてつかさどっているのが遺伝子なのです。

また、②のタンパク質をつくる機能ですが、タンパク質は炭水化物、脂肪と並ぶ三大栄養素で生命の基本構造を形づくるもっとも大切な成分です。遺伝子はこのタンパク質を、いつ、どんなタイミングで、どのくらいつくりなさいということを示すプログラムでもあり、その情報にしたがって骨や筋肉、皮膚、臓器、器官がつくられていきます。

しかも、それは一刻も休むことなく働いており、いまこのときも次々と生成情報を提供しつづけて生命の維持に必要なものをつくり出しています。たとえば髪の毛が自然に生えかわるのも、切ったツメがまた伸びてくるのも、細胞のDNAに自己複製能力があるおかげであり、その自己複製能力はすべて遺伝子の指令のもとで行われているのです。

したがって、この「タンパク質をつくりつづけることで生体活動を恒常的に維持する」という遺伝子の第二の働きがないと、私たちはそもそも生命を保つことができません。

一般的には、遺伝子というものは親から子へ、子から孫へと伝わるという①のイメージが強く、日常の生命活動には関係ないもののように思われがちです。しかし、これはとんでもない誤解で、遺伝子は一分、一秒の休みもなく働いていて、もし遺伝子が働かなくなったら、私たちは即座に死んでしまうのです。

つまり遺伝子は、①生命の特徴や形質を情報として次世代に伝え、そのことで「生命の連続性」を維持する因子であると同時に、②「いま現在の生命」のすべての営みを正常に保持する生命力の源でもあるのです。

「心が体を治す」——心と遺伝子の関係を解き明かす

そして、こうした遺伝子の働きは生まれつき決まっている先天的（固定的）なものではなく、生体内外の環境の影響を受けて後天的に変わっていくことがわかってきています。

たとえば、ガンは細胞の異常な分裂や増殖によって引き起こされる病気ですが、それはストレスや偏った食生活といった外的な要因が引き金となって、細胞の増殖を制御する遺伝子の働きがOFFになった、あるいは、増殖を誘発する「悪い遺伝子」の働きがONになったと考えられます。

つまり、遺伝子の働きは環境の変化や刺激などに影響を受け、その機能が活性化したり、不活発になったりする性質をもっているのです。そして、そのON／OFF機能を左右する要因には――ストレスや恐怖などのように――私たちの「心」の状態も大きく関係しているものと思われます。

たとえば、ガン患者に落語を聴かせておおいに笑ってもらったあとで免疫力を測定したら、その数値が上昇していたという実験例があります。同じように、私が吉本興業と組んで行った笑いと糖尿病の関係の研究でも、漫才を聴いて大笑いしたあとの糖尿病の患者さんの血糖値は上昇が抑えられたという結果が出ています。

これはつまり、笑うとか楽しいといったポジティブな精神作用が生命力や免疫力に関係する遺伝子をON＝活性化した（生命力や免疫力にマイナス作用をもたらす遺伝子をＯＦＦにした）結果と考えられるのです。

あるいは、「女性は恋をすると美しくなる」といわれますが、これなども好きな男性のことを思ってワクワク、ドキドキする心のあり方が女性ホルモンなどに働きかけ、肌の色やつやをよくする遺伝子を目覚めさせるからと考えられます。

これが「心と遺伝子の関係」であり、ひと口に心が体に影響を与えるといっても、そこには遺伝子の働きが深くかかわっているのです。むろん、このことはまだ仮説の域を出ませんが、思考や感情の変化、心や意識のあり方が遺伝子の働きを通じて、体の状態に変化を生じさせることはほぼ間違いない「科学的事実」であると私は考えています。

先述の鈴木さん親子に起こった〝奇跡〟も、彼女たちが「陽気な心」を実践したために、その明るく前向きな心の働きが生命力や免疫力をつかさどるポジティブな遺伝子をＯＮにし、ネガティブな遺伝子をＯＦＦにして、医者にも信じられないような目覚ましい回復を遂げたと考えられるのです。つまり「心が体を治した」のです。

心のありようが変えるのは健康状態だけにとどまりません。人間の「能力」についても同様で、たとえば「火事場のバカ力」のように、せっぱ詰まった思いがふだんは眠っている遺伝子をONにして、自分でも予想していなかった大きな力を発揮させると思われます。

ちなみに、**人間の頭で「こうしたい」「ああいうことができればいいな」と想像できる範囲のことなら、私たちはそれをすべてできる可能性をもっていると私は考えています。逆にいえば、私たちは多くの遺伝子(能力)を宝の持ちぐされよろしくふだんは眠らせていることになる。**

したがって、何ごとも楽観的に前向きに考え、感動する心や感謝する心を忘れない。強い情熱や目的意識、生きがいをもって毎日を暮らす。そうしたポジティブな心のあり方や生き方を努めることによって、「意図的に」いい遺伝子のスイッチをONにし、健康や能力の向上につなげると同時に、いきいきと明るい人生を生きることが可能になるのではないか――この仮説を科学的に証明すべく、私は「心と遺伝子」の研究を生涯のテーマに据えているのです。

マイナスもプラスに考えられる前向きな思い

その、いい遺伝子のスイッチをONにするポジティブな心のあり方が、私のいうアホであり「陽気な心」なのです。苦の中にも楽を見いだす前向きな心。昨日を振り返るよりも明日へ希望を託し、涙よりも笑顔を選択し幸福に近づこうとする明朗な精神のことです。

どんなことでも、ものごとには二面性があります。どんな出来事も「よいほう」と「悪いほう」の二つの解釈が可能なのです。たとえば事故や病気もマイナス面ばかりではありません。

病気をした場合、たしかに健康を損ねたことで、仕事ができなくなる、金銭面の負担が増えるなど、さまざまなマイナス面が降りかかってくるかもしれません。しかし半面、自分のそれまでの生き方や生活態度を振り返って改める契機となったり、自分にとってほんとうに大切なものや人の存在に気づいたり、病気にならなければそのまま見過ごしていた大事なことに心を向けられるプラス面も十分にあるのです。

実際、重い病の体験が家族のきずなを強めたとか大病が真の幸福とは何であるのかに気づかせてくれたといった話は、むしろ、あちこちでよく耳にすることなのではないでしょうか。「なぜ自分だけがこんな病気になってしまったのだろう」という悔いやうらむ気持ちの半面で、私たちは病気にならなければ知ることのなかった真理のようなものに必ずふれることができるのです。

その点で、病気にさえよいこと、悪いことの両面がある。けっしてマイナス面だけがもたらされるわけではないのです。病気を悪いだけのことと考えるのは、ものごとの半分しか見ていないことになります。ですから、病からもまた得るものがあるといい方向にとらえる陽気な思いが何ごとにおいても大切になってくるのです。

そう考えると、病気というのはつくづく天からのメッセージだと思います。私の大学時代の同級生で大企業の要職にあった男にガンが見つかりました。見舞いに訪れた私に、その同級生はこうもらしました。

「こうなると、もう欲も得もない。地位も肩書きもどうでもいい。そういうものはみんな失ってもいいから、この病気を治したい」

この友人のように、あるいは、先述した鈴木さん親子のように、重病や難病と闘っている人で地位や名誉や財産などにこだわっている人はおそらく一人もいないのではないでしょうか。そういう人がただ一つこだわるのは病気だけです。病気の前にはみんな平等なのです。

病気が治ってからも、そうなのかはわかりません。その友人もガンから無事生還することができ、さて、そうなったあとは、病気の前とあまり変わることなく働いています。しかし少なくとも、病気にならなかったら考えなかったこと、わからなかったことに病気を経験した人は気づいたはずです。

そういうことに気づき、考えるチャンスを与えるために、人には病気がもたらされるのかもしれない。病気が生き方を見直す絶好の機会だとすれば、それは自分を成長させるチャンス、自分の人間を高めるチャンスでもある——まさに病気はメッセージなのです。

先ほど、環境の変化が心身の健康や能力に影響を与えるといいましたが、人間の場合、もっとも大きな環境は精神状態であり、心の持ち方が遺伝子のON／OFFにたいしてとても大きな力をもっています。どんな環境にあっても、心が「この環境はいい」と解釈すれば、それは自分にとっていい環境になると考えられるのです。

とすれば、「病気はメッセージ」「病気すらありがたい」という超ポジティブな思い、陽気な心の持ち方が、いい遺伝子をONにし、悪い遺伝子をOFFにして、病気や生き方を改善に向かわせる契機になることは十分ありうることなのです。

「ひらがな」に宿る平易だがほんとうの力

病気は人を成長させるチャンスなどというと、おまえはものごとを単純化しますぎているという批判が聞こえてきそうです。しかし、真理の布は一本の糸で織られているといわれるように、真理というのは、単純で平易なものであると思います。アインシュタインも「解決策がシンプルなものだったら、それは神の答えである」といっています。

その単純なものを複雑に、平易なものをむずかしく考えてしまうことから、人間の遠回りは始まってしまうのではないでしょうか。このことで思い出すのは、私の祖母が信仰していた宗教の経典のことです。

その経典はすべて「ひらがな」で書かれていました。それは戦前の一般庶民を対象にした大衆の宗教でしたから、信者には農民が多く、読み書きがかろうじてできるくらいで学問のある人は少ない。そういう人にもわかるようにすべてひらがなで書いてあるのです。

ひらがなのやさしさは宗教のもつ深遠性とは反対のイメージのものですから、当時、偉い学者先生やインテリ層からはずいぶんバカにされたようです。なかには私の恩師である平澤興先生のように、「あの俗語の中にこそ真理があるのだ」

と認めてくれた人もいましたが、その「ひらがなの教え」が当時、広く浸透することはありませんでした。

この事情はいまでも、分野を問わず、あまり変わっていないように思えます。つまり難解な言葉で書いてあるものは中身も高尚だが、やさしく平易に説いているものは低俗で中身も薄いといった考えがいまだに社会には残っている。

しかし、これはまったく逆なのではないでしょうか。**平易なものの中にこそほんとうに深いものは存在しているのではないでしょうか。深いことはやさしく伝えられるべきで、やさしくかみ砕いていえない真理は本物ではない——私にはそう思えます。**

私の父も祖母と同じ信仰の道を歩んだ人間ですが、その父は前にも述べたように、東京大学で自然地理学を学びました。父は若いころ学問で身を立てたいという希望を抱いており、祖母のもとで幼いころから親しんだ信仰の道か、それとも学問の道を選ぶべきかを迷っていました。そこへ祖母から長い手紙が届いたのです。

学問らしき学問は受けていない祖母の手紙はたどたどしい文章で綴《つづ》られており、しかも信仰する教えのように、その文字はすべてひらがなばかりであったといいます。人間として踏むべき道について諄々《じゅんじゅん》としたためられたその手紙を読んだのをきっかけに、父は学問を捨てて、祖母と同じ信仰の道を選ぶことになるのですが、そのとき祖母はしみじみとした口調で、父にこう語ったといいます。

「おまえが社会に出て、どんなに出世してくれても私はうれしくない。それよりここで仕事をして、たとえ一生、信者さんの〝ゲタそろえ〟をしておっても、そのほうがよほどけっこうや。こんなことはいまはわからんやろうが、先になったらきっとわかってくる」

これまたすべてひらがなで語られたような言葉ですが、この平易な響きの諭しの中に、先を見通した深い知恵が隠れていたというべきで、父はやがて学問の代わりに信仰の道を究めることで、母の言葉の真理に気づくことになるのです。

このように母の言葉というのは、無私であるがゆえにやさしく、だからこそ深いものであり、そのときはうるさく感じられたり理不尽に思われても、時がたって振り返ってみると、その単純で平易な言葉づかいに知恵の深みが強くにじんでいることに気づかされるのです。逆のこともいえて、よい教えやメッセージというのは母親の小言に似て、やさしい口調や言葉づかいの中に温かいものが濃く漂っているものなのです。

少し話が飛躍するかもしれませんが、私はいまの日本には漢字やカタカナが増えて、この「ひらがなの力」が欠けているように思えてなりません。

いわば漢字は論理で、ひらがなは情緒といえますが、いまの日本社会は経済から家族関係にいたるまで論理や合理が優先されすぎていて（あるいは論理や合理だけですべてが解決できると考えられていて）、漢字で声高に理屈を通す人がひらがなの情緒をたたえたやさしい人を凌駕《りょうが》している。そのことが平成の日本を妙にぎすぎす、とげとげしくしている気がしてならないのです。

もともとわが国は情緒や感性に重きを置く国で、わび、さび、もののあわれなど合理や漢字では説明しきれない繊細な感受性に富み、またそれを大事にする心をもっていました。それゆえ、「いただきます」や「ありがとう」といったひらがなのあいさつも当たり前に交わされてきたのです。

しかし、いまは個食、孤食などといって一人で食事をすることが多く、「いただきます」を口にしない人が増えています。小学校では給食のとき、生徒全員が声をそろえて「いただきます」をいいますが、給食費を払っているのに、なぜ「いただきます」と礼をいう必要があるのかと文句をいう親もいるそうです。「ありがとう」の扱いも推して知るべしでしょう。

その代わり、論理や合理を優先して漢字で理屈ばかりをいう、そうでなくては耳を傾けない。そんな利口な人ばかりが増えています。ですから、もし社会をもう少しだけ住みやすくしたいのなら、私はひらがなのもつ、むかしの母親のような「愚かの深み」を取り戻すべきだと考えるのです。

動植物の命をちょうだいする感謝の心を平易な日常語にした「いただきます」。他者から受けた恩恵や好意にたいしてお礼の心を等身大に伝える「ありがとう」。こういうひらがなの言葉をはきはきと口にするだけで、社会の空気や人の心はずいぶん変わってくるはずです。

アウシュビッツのユダヤ人が最後に求めた笑い

いい遺伝子のスイッチをONする最良の刺激は「陽気な心」ですが、その陽気な心を可能にするもっともわかりやすい因子は笑顔や笑いです。この笑いもまた涙や悲しみに比べると、どこか一段低く見られているようなところがあります。

しかし人間は笑いなしでは生きられない存在で、笑いは「人間とは何か」を考えるうえで無視できない、一つの貴重な手がかりともいえます。

たとえば、どの国の神話にも笑いがあります。もちろん日本の神話にもあります。神さまが笑うというのは万国共通の認識で、仏典、聖書、コーランなど、笑いが出てこない経典というのもありません。

また、プラトン、ソクラテス、アリストテレスに始まって、カント、フロイト、ダーウィンなど、世界のそうそうたる哲学者や思想家たちも笑いを研究の対象にして、論文を書いています。ダーウィンにいたっては、自分の子どもを使って笑いの実験までしているようです。

こうなると、笑いは喜びや楽しみを表現する行為や表情の一つという通りいっぺんの定義だけでは説明できない、何か人間の本質や本性に非常に密接にかかわる「深い」所作であるように思えてきます。

アウシュビッツに収容されたユダヤ人をめぐるエピソードの一つに、死が日常化された収容所の極限状態の中で、どんなに苦しくつらい気持ちにうちのめされていても、一日に何か一つ、心から笑えるようなジョークを考え出して、お互いに笑い合おうと約束していた人たちがいたという話を聞いたことがあります。

とうてい冗談など考えつく気にもなれなければ、口にする気にもなれない悲惨な状況の中で、それでも魂をしぼるようにして、愉快でこっけいな話を披露し合い、それに反応して笑うことで、自分の中にかすかに残っている生命力を発露させ、狂いそうになる自分の精神状態を何とか正常に保とうとする――。

こういう話を聞くと、人間はどん底にあっても笑いを欲せずにはいられない、いいかえれば、笑いに最後の救いを求めずにはいられない存在であることを知らされて、その精神のぎりぎりの深淵《しんえん》をのぞき込むような粛然とした思いにさせられます。

それほど深刻な話ではなくても、笑いが私たちの心を解放し、緊張をほぐす行為であることは疑いのないことでしょう。笑うことは身体行動としては息を吐くことですが、息を吐くことによって体の緊張が解けるのです。ですから、笑いながらケンカをすることはできません。つまり、笑いは平和をもたらす行為でもある。親愛の情のやわらかな表現であり、不安や悩みをほぐし、心や生活に潤いをもたらすとともに、人の心と心をつなぐコミュニケーションの手段であり潤滑油でもあるもの。それが笑いなのです。

また、私たちは楽しいから笑うのですが、これは逆もいえて、笑うから楽しくなるという側面もあります。だから、いつもニコニコとほほ笑みを絶やさないよう心がけることによって、おだやかでおおらかな「陽気な心」が可能にもなってくるのです。

この笑いの効用、笑顔の大切さをよく知っているのは、あるいは、その必要性をより多く感じているのは日本人よりも欧米人のほうで、彼らは日常生活の中で実に惜しげもなく笑顔を振りまく人が多いものです。

四十年以上前、私がはじめてアメリカのオレゴン州にある医科大学へ留学したとき、見るもの聞くものすべてが新鮮に映る半面、はじめての異国の地の生活に心細さも覚え、はたしてこの先ここで研究を続けていけるのか、毎日が不安でいっぱいでした。

そんな不安と緊張を解きほぐしてくれたのが、かの地の人々の屈託ない笑顔であり、大学や病院で行き交う人が例外なく、見知らぬ東洋人にたいして「クイック・スマイル」でにっこりと笑いかけてくれました。その笑顔を通して伝わる心の温かさに、私は救われた思いがしたものです。

考えてみれば、心が遺伝子の働きに与える影響や、笑いが心と体の健康に及ぼす影響について、いま私が研究をしているその発端は、異国でたくさんの笑顔に出会い、癒《いや》された経験にあるといえるかもしれません。

笑いがもたらす医学的効果

笑いが心身の健康にどのような影響を及ぼすか――私たちが行っている研究の内容や現段階での成果について、ここで簡単に紹介しておきましょう。

それは、次のような仮説からスタートしました。心の動きは遺伝子の働きに影響を与える。したがって心のありようを変えたら、遺伝子の働きも変わって、それがひいては、病気や健康の状態まで変えていくことにつながる。

このときの心の動きや状態は大きく二つに分けられる。すなわち、楽しいとうれしい、喜ぶ、感動、いきいき、ワクワク。そういう「陽」の心はいい遺伝子をスイッチONする。一方、悩み、不安、苦しい、つらい、悲しい、恐怖。そうした「陰」の心は悪い遺伝子をスイッチONする。

いいかえれば、喜怒哀楽のうち、怒りや哀《かな》しみは人間の心身にマイナスの影響を与える陰性ストレスであり、喜びや楽しみは好ましい影響を与える陽性ストレスである。ストレスというと、悪いストレスしか考えない人が多いが、細菌に善玉菌と悪玉菌があるように、ストレスにも善玉と悪玉があり、善玉ストレス＝陽気な心の代表は笑いである。

笑うことがある病状を好転させたことを確かめることができれば、心と遺伝子の関係——心のどんな働きがどんな遺伝子のスイッチを入れるか——を示す一つの例証となるのではないか。

こうした仮説に基づいて、私たち「心と遺伝子研究会」はお笑いのタレントを多数抱える吉本興業と協力して実験イベントを行いました。二十五名ほどの糖尿病の患者さんに被験者として集まってもらい、吉本興業所属のベテラン漫才師の話を聴いておおいに笑ってもらったあと、その血糖値を測定して、その数値にどのような変化があらわれたかを調べる。そういう実験です。

吉本興業は人を笑わせることに関してのプロ集団で、笑いと遺伝子の関係を調べるにはうってつけの組織です。同社で当時社長をなさっていた林裕章さんや相談役を務めておられた横澤彪《たけし》さんと知己を得たのをきっかけに、私のほうからお願いして、この前代未聞の実験に協力していただいたのです。

吉本興業と組んで糖尿病の患者さんを対象にした、笑いと遺伝子の関係に関する実験をする。私がこういっても学者仲間は本気にしてくれませんでした。糖尿病の専門家に相談に行っても、「まともな医者なら、そんなアホな実験はしません」と笑われたものです。

吉本は以前、「東京にアホを伝染させたる」といって東京進出を果たしました。そして、いま、「こんどは中国にアホを広めてやろう」と上海《シャンハイ》に進出しています。そんなアホとアホが組んで、まともには見えない実験を大まじめにやった――その結果は上々のものでした。

一日目は被験者のみなさんに昼食をとってもらったあとで、糖尿病に関する大学の先生による講義（かなり専門的で単調な内容のもの、すなわち被験者にとっては退屈な内容のもの）を聴いてもらいます。

翌日には、やはり昼食後の同じ時間帯に前日の講義と同じ時間だけ、こんどはベテラン漫才師による漫才を聴いて、おおいに笑ってもらいました。この二日間の食事内容や日常生活などは変わらず、違っているのは退屈な講義かおもしろい漫才かだけ。そして、それぞれの前と後に、被験者のみなさんの血糖値を測定して、両者を比較してみたのです。

食後は健康な人でも血糖値は上がるものですが、糖尿病の人は、その上昇度が顕著です。初日の「退屈な講義」後の血糖値は血液一〇〇ミリリットルあたり平均で一二三ミリグラムも上昇していたのにたいし、翌日の「おもろい漫才」で笑ったあとの上昇値は同七七ミリグラム程度に抑えられていたのです。

その差、四六ミリグラム。これは明らかに誤差の範囲を超える、有意の差といえます。血糖値を下げるにはインシュリンを注射するか、食事制限や運動をするくらいしか方法がないのが医学常識ですが、笑うだけで血糖値が劇的に下がった。この事実には、糖尿病の専門医も非常に驚いていました。

この実験結果はのちに、アメリカ糖尿病学会誌に掲載され、またロイター通信によって全世界に発信されたことで海外からも注目を集めています。**その後、被験者とお笑い芸人を替えて行った継続実験においても、やはり血糖値の下がりが**

大きいという結果が得られ、私たちは笑いが血糖値を下げることについてはほぼ医学的確信を得ているのです。

薬の代わりに笑いが処方される時代がくる？

こうした笑いの効用を医学的に解明するために、私たちは他にもさまざまな研究を行っています。たとえば「ネズミを笑わせる」というヘンテコリンな実験を通じて、笑いのメカニズムを遺伝子レベルで解読しようとしているのもその一つです。

ネズミにも「感情」があって、こちらが愛情をもって接すると、ネズミがなついてきます。そこで人の指先でネズミのおなかをくすぐってやるとネズミが「声」を出すことがわかっています。快適な状態に置かれると、人間の耳には聞こえない五〇キロヘルツ程度の周波数の音声を発します。

つまり、ネズミの音声の周波数を測ることによって、彼らが喜んだり楽しい気持ちになっていることが推測できる。それが即、「ネズミが笑っている」ことにはなりませんが、笑いを生み出すような快適な状態にあるのは確かです。

そこで、そうした快適な状態に置かれたときのネズミの脳の働きを私たちは調べはじめているのです。脳のどの部位の、どの遺伝子が、どんなふうに動いているか。それを見ることで、笑いと遺伝子の関係がかなりの精度で解明されてくるはずなのです。脳の働きを直接調べる実験は人間を使ってはできません。しかしネズミに被験者になってもらえば、そういう直接的な実験も可能で、いま、なかなかおもしろい結果が出始めています。

また、「笑いを誘う」DVDやビデオもやはり吉本興業などの協力によって発売されています。前項の笑いが血糖値の上昇を抑えるという実験結果を受けて、より健康的で効果的な笑い方――イメージ法や体操法、呼吸法や顔の筋肉の使い方などを、そのDVDなどを通じて知ってもらい、実践してもらって、糖尿病をはじめとする病気や健康の改善に役立ててもらおうというものです。

このような多方面からの研究が進んで、笑いが遺伝子のON／OFFにどのように働きかけ、体の健康・病気にどういう影響を与えているのかが解明されていけば、**やがて医師から、薬の代わりに「笑い」が処方される時代がくるかもしれません。「今月から、食後三回の薬の服用をやめて、四六時中、大きな声で笑うようにしてください」といったように――**。

これを「そんなアホな」とばかりヨタ話扱いするのは正しくありません。私たちの研究によって、たとえば人間の遺伝子約四万個の中から、笑いで働きが大きく変化した遺伝子が多数見つかり、そうした笑いと遺伝子の研究によって世界初の博士号を受けた研究者も生まれているからです。

笑いは薬効に匹敵する効果をもつ薬、しかも副作用のない安全な薬であることがしだいにわかってきています。そのことは何も遺伝子レベルの解析を待たなくても、日常の臨床例として、私たちはたくさん見聞きしているものです。

先ほどの鈴木さん親子の例もそうですし、映画『パッチ・アダムス』で描かれた「クリニクラウン」の存在なども、その一つのあらわれでしょう。クリニクラウンとはクリニック（病院）とクラウン（道化師）の合成語で、道化師に扮《ふん》した人が病院を訪れて患者さんに笑いや楽しさを提供することで、病気の苦しみやつらさを癒そうという試みです。

欧米に続いて、わが国でも少しずつその動きが始まっていて、ある病院の実例では、道化師が行う手品やゲームを見ていた子どもの患者は半年以上も声を発せなかったのに、ゲームに使った風船を道化師から手渡された瞬間、「ありがとう」とお礼の言葉を口にしたといいます。

笑いや楽しさとかうれしさといった「陽」の感情の発動が、体に直接働きかけたというより、何よりも患者さんの心を元気にし、それが関係する遺伝子のスイッチをONにして、体の治療効果や健康効果につながったと考えられ、まさに、笑いやユーモアは体の薬であると同時に、心の武器でもあるのです。

笑いという「陽気さ」が私たちの心と体にさまざまもたらす多様な効果について、私たちはもっと注目すべきだし、自覚的であるべきだと思うのです。

第3章

愚か者こそ幸せ者

世の中の役に立ってこそ価値がある

鈍さや愚かさ、正直やまじめさといったものは、生き方としては曲線的で、目的地まで遠回りを余儀なくされることが多いようです。しかし、そのぶんたしかな道を自分の前に開き、生の重心をしっかりと定めてもくれる。そういう確信が私にはあります。

本章では、そのことを私に実感として教えてくれた人との出会いや環境を変えることの効果、そこで体験したさまざまなことについて述べてみたいと思います。

私は研究というものは一種の「実学」であるべきと考えています。いくらすぐれた理論を発見しても、それが最終的には、人々の生活の向上に役立つまで応用されなくては研究としては「途上」のものである。そのように考え、自戒もしているのです。

ある遺伝子にこういう異常が起きると、こういう病気が引き起こされることがわかった。そのメカニズムの解明で終わるのではなく、では、その異常を発生させないためには何が必要なのか、発生した異常を抑えるにはどうしたらいいのか。そうした病気の予防法や治療法にまで研究が進んで、実際に人々の健康に貢献できたとき、その研究は完成したことになるのだと思います。

純粋な理論研究も大事だが、その理論が現実の生活に役立ってこそ意味がある——私がこう強く考えるようになったのは、私のもともとの研究分野が農芸化学という実用的なものであったことに加えて、一人の恩師からの薫陶が大きく影響しています。

京都大学の大学院時代、私が指導を受けた故・満田久輝先生です。同大で名誉教授を務め、食糧科学分野ではただ一人の文化勲章受章者でもあったのです。私が生涯の師と仰ぐ人物です。

満田先生の学問信条は、「世のため人のために役立つ研究や仕事をする」というものでした。そのために基礎研究と応用研究のどちらにも偏ることなく、両方を進めていくことをつねに自分に課し、人にもすすめていました。

研究には基礎と応用があって、これは車の両輪である必要があります。医学でいえば病理学と臨床学がうまくコンビネーションを組んでこそ、真の医学の進歩がある。しかし現実には、そうなっていないことも多く、純粋な理論構築に閉じこもって、理論に合わない現象に出合うと、「現象のほうが間違っている」などと主張する学者も少なくありません。

理論に凝り固まって応用をバカにする、応用に忙しくて理論をおろそかにする。満田先生はいずれも強く戒めて、「自然の摂理を素直に学び、それを応用に結びつけていかなければ、学問は単なる知識や理論の集積に終わってしまう」といつも私たち若い研究者にいい聞かせていたものです。

そのように「研究の実用性」ということをつねに意識していた先生の研究成果は多岐にわたるもので、たとえばビタミン強化米をつくって、戦後の日本や発展途上国の食糧不足解消におおいに寄与したことなどは、その代表例といえます。

お米を精製すると、胚芽《はいが》などに含まれるビタミンB_1などの栄養分が削り取られてしまいますが、先生はその栄養分を補ったお米をつくり出したのです。

あるいは、クロレラの食糧化にいちはやく取り組まれたのも満田先生で、こうした食糧分野への功績から、もし食品分野にノーベル賞があったら、受賞間違いなしといわれていました。

この満田先生が述べられたことでもう一つ印象深いのは、「私はつねに、植物の立場に立ってものを考えている」という言葉です。

先生は応用研究だけでなく、ビタミンB_1やB_2などが植物の中で原材料からどのように合成されるかについての基礎研究でもすばらしい成果をあげられていますが、その研究対象である「植物の身になって」考える研究態度を、たとえ周囲からは変人扱いされようとも、変わることなく一貫して保っておられたのです。

「植物の身になって」考える

たとえば満田先生の功績の一つに、ビタミンCの定量法を確立したことがあります。それまでは化学的に正確に測定する方法がなかったのを先生がはじめて成功し、その方法に基づいて、レモンよりも柿《かき》の葉などの緑葉にビタミンCがはるかに多く含有されていることを明らかにしたのです。

それはもう戦前のことですが、その定量法を先生が学会で発表したとき、学会の重鎮である医学部の先生方からずいぶん批判を浴びたといいます。

「人間が食べるレモン一〇〇グラム中に五〇ミリグラムしか含まれていないのに、人間が食べない柿の葉一〇〇グラム中に一〇〇〇ミリグラムものビタミンCが含まれているのはおかしい。定量法が間違っているのではないか」

批判の主旨はそのようなものでした。若い満田先生はこう反論しました。

「医学をおやりになっている先生方は人間本位、自分本位にものを考える。しかし私たちは植物の立場に立って研究をしている。人間が食べない柿の葉に人間が食べるレモンの二十倍のビタミンCが含まれていても、何の不思議もない。植物は何も人間に食べてもらうために生命活動をしているわけではないからだ。この定量法は間違っていない。実験データの再現性もたしかなものだ」

きわめてまっとうな論法というべきです。つまり、先生の視点は研究をする人間の側にあるのではなく研究をされる自然（植物）の側に置かれていた。そして、その自然の現象を人間の思惑とは別に、素直な目でまっすぐ見ようとされていた。そういう「自然の側に立った」謙虚な研究態度を一貫して崩すことのなかった方で、それが偉い先生方から見ると、変わったやつだ、生意気だとなったのでしょう。

その体験は先生ご自身にとっても印象深いものだったのか、後年、弟子である私たちにも、「人間はとかく勝手なもので、自分が利用するために植物があるように思っているが、研究というのは、その逆でなくてはいけない。人間のほうがへりくだって、研究をさせてもらうのだ」といっていたものです。

ビタミンCに関する先生の〝変人〟ぶりはまだあって、応用研究によってビタミンCがビールの濁りを除去することを発見したのも満田先生でした。しかし、当時のビタミンCは貴重品でビールの値段よりもはるかに高いものでしたから、この研究は実用化されませんでした。戦後、ビタミンCの価格がうんと安くなってから実用化され、つい最近まで、ビールの貯蔵や運搬時に生じる濁りはビタミンCを使って取り除かれていました。

ただ、この技術に先生は特許を取っておられなかった。そこである人が「特許を取っていたら、ビール一本につき一銭としても莫大《ばくだい》な特許料が入ってきたでしょうに」というと、先生は「そうなっていたら、私はそのおかげでビールを飲みすぎ、とっくにこの世からいなくなっていたでしょう」と笑っていたそうです。

世のため人のために役立つ研究という「実学」を心がけておられていながら、その研究から「実利」を得るよりも、「研究の喜びや苦しみを若い研究者諸君と語り合いながら、楽しくジョッキを傾けるほうがどれほど幸せかしれない」と先生は私に語ってくれたこともあります。

その意味で満田先生は、学問の追究以外にはほとんど欲というものをもたない、俗臭というものを不思議なほど欠落させていた「偉大な愚か者」というべきで、人間としても学者としても、私がいまもお手本と仰ぎ見る人物です。

そのような人物を愚かなどと形容するのは非礼極まりないことなのですが、しかし私はその非礼を承知のうえで、あえてそういってみたい誘惑を禁じえない気がします。**ここでいう愚かとは、「植物の身になって考える」ようなアホな人間にたいする、最上級の賛辞と尊敬をあらわす言葉であるからです。**

「早起き」と「心定め」が実らせた研究

大きな研究が大きな結果につながるとはかぎらないし、小さな研究からは小さな成果しか得られないともかぎらない。研究の大小と結果の大小の関係は人間には測れない。だから、地味だが学問発展に不可欠な仕事をコツコツ続けることが何よりも必要である。

満田先生はそうも述べておられましたが、先生の弟子の中で、この「地味な仕事をコツコツ続ける」ことをもっとも直系で継いだのは私かもしれません。何せレニン抽出の研究をしていたとき、私が研究室のメンバーにかけた言葉は「偏差値よりも早起きだ」という実に地味なセリフだったのです。

レニンを抽出するために、来る日来る日も牛の脳下垂体の皮むきをする。このとき朝の九時から作業をしていたのを、私は「すまんが、みんなもうちょっとだけ早起きして学校に来てくれないか」と頼んで、少し作業時間を早めてもらったのです。

新興の大学の無名の研究室では、はなばなしいホームランは打てない。だから、とにかくヒットを重ねよう。ヒットも打てなければ四球でも振り逃げでもとにかく塁に出よう。塁に出るにはとにかく打席にたくさん立つことだ。一つでも多くのチャンスをつかむために早起きが必要なんだ――。

メンバーは早起きしてくれただけでなく、最後のほうはもう、ほとんど下宿にも帰らず、研究室に寝袋を持ち込んでまで研究に没頭してくれました。私たちが脳にレニンがあるかないかという長い論争に終止符を打つことができたのは、この地味な早起きのおかげでもあったのです。

早起きの力とはつまり、習慣の力のことです。毎日の皮むき作業を飽くことな

く続けることによってわかったのは、習慣とは、仕事や作業を単純化するとともに、その精度を高めてくれることでした。何でも積み重ねていくうちに、作業が簡単に、しかも正確にやれるようになるし、疲れも少なくなるのです。

ああ、地味な仕事を地道に重ねることにはこういうたしかな効果効能があるんだと、私は満田先生の言葉をいまさらながらかみしめたのを覚えています。

地味な作業を大きな成果につなげるのに、もう一つ大切なことは「心定め」です。心定め。つまり、必ずやるんだ、絶対やってみせるという理屈を超える「思い」、パッションのことで、知性や理性を柱とするデイ・サイエンスにたいして、感性や情熱を中心とするナイト・サイエンスに属するものです。

心定めとはきわめて明確な意志や思いのことですが、そういう明瞭《めいりょう》なもの、はっきりとしたものには〝磁力〟のようなものがあって、周囲を巻き込む吸引性が高いものです。たとえば運というのはとてもあいまいで不たしかなものですから、明確なものに同調、共鳴しやすい性格をもっています。**そこで、しっかりと心定めを行うと、それに引き寄せられるように幸運も寄ってくる。そういうこと**

が珍しくないのです。

私の場合も、レニン研究が暗礁に乗り上げたとき、それでもやるんだ、何としてもゴールまでたどり着いてみせると心定めを肚《はら》に据えたとたん、アメリカから「大腸菌を使ってヒトのインシュリンを生産できる技術が誕生した」というホットニュースが飛び込んでくる幸運に出合いました。

このニュースはつまり、遺伝子工学が実用の段階に入ったことを示していました。当時の私は遺伝子工学に関してはまったくの門外漢でしたが、直感的に、この技術はレニン研究に役立つのではないか、積極的に取り入れてみようと考えました。大腸菌を用いて大量にヒト・レニンを製造してみよう、ヒト・レニンの遺伝情報を解読してレニンの基本構造を明らかにしてみようと思ったのです。

そしてはたして、この遺伝子工学という新しい学問の波に運よく乗ることでレニン研究は画期的に躍進していったのです。心定めがなければ、その幸運の波に乗ることはできなかったでしょう。

スポーツの世界ではよく「試合の流れをつかむ」のが大切だといいます。これは科学の研究においても同様で、そのときどきの趨勢《すうせい》に乗ると乗らないのでは成果に大きな差が出てきます。一流の学者でも、流れに乗り損ねると一流の研究ができない。こういうことは少なくないのです。その流れをつかむためにも、どうしてもやる、必ずやるという心定めはきわめて大切な要因となってくるのです。

いい頭で「できない理由」ばかり探していないか？

遺伝子工学に関しては素人だったのにもかかわらず、その新しい研究を自分の研究に取り入れてみようと思ったのは、私がまさに門外漢であったからできたことでした。なまじ遺伝子工学について知識があったら、おそらく私は「怖くて」、その新しい分野に足を踏み入れようとは考えなかったはずです。

同じことはレニンの研究にもいえて、私がレニン研究に取り組んだとき、周囲の声でいちばん多かったのは「やめておけ」でした。当時、レニンが腎臓《じんぞう》に含まれていることはわかっていたものの、量がきわめて微量で、しかも物質として不安定という、研究対象としては最悪に近い条件だったからです。

過去、レニンの研究に取り組んだ学者はたくさんいましたが、だれ一人として純化に成功した者はなく、医学研究者の間では「レニンには手を出すな」といわれていました。ところが農芸化学科出身の私はそのことをまったく知らなかったのです。知らなかったから悪名高い酵素のレニンにも怖いもの知らずで取り組めた。医学部出身だったら、最初から手を出さなかったにちがいありません。

したがって私のしたことは、「何も知らない素人がたまたま運よく成功した」ことになりますが、半面で、「何も知らない素人だからこそ成功した」ともいえます。素人だから有利だったとまではいえませんが、そのことについて知識の足りない素人の無謀さが、かえって対象にまっこうからアプローチできる力となったのです。ソニーの創業者の一人、井深大《まさる》さんはソニーの成功の一つは、素人だったからだとおっしゃっていました。

もちろん科学者にとって情報や知識は有力な武器ですが、デイ・サイエンス一辺倒の人にはこの武器がときにマイナスに働くことがあります。よく勉強し、何でも知っている人は新しい試みにどうしても消極的になりやすいのです。知識豊富な者ほど、ものごとを否定的な視点から見る。それは無理だろう、できないだろうとネガティブな分析をして、可能性を最初から閉じてしまいがちなのです。

いいかえると、できない理由を見つけることに関してすごく頭がいい。そのいい頭で「できるだろう」「とにかくやってみよう」という積極派をちょっと軽視し、ときには内心で「アホなやつらとはつきあえない」などと見下したりするのです。

また、利口で先もよく見えるから、すぐに結論を出してしまう傾向がある。すぐに出る結論というのはたいてい、自分の能力に限定性の網をかけるものであることが多いものです。こういうことをやっても、効果はここまでだろうから、その先についてはダメだろうといったように。なまじよく知っているがゆえに、その知識の届かない知らない領域に関しては、それが即「壁」だと結論づけてしまうのです。

しかし何も知らない人間、よけいな知識をもたない人間は、この「知の壁」をあまり感じることがなく、「ムダだよ」「やめておけ」といわれてもかまわず進む馬力があります。見当違いで痛い目にあったり、回り道を余儀なくされることも多いのですが、知識だけで判断していた人が考えもよらないような新しい発見をしたり、遠回りした結果、それまでだれも足を踏み入れたことのない未知の場所へたどり着くこともまた少なくありません。

水の怖さをよく知り尽くしている人が躊躇《ちゅうちょ》している間に、それを知らない人がさっさと川に飛び込んで、いちはやく向こう岸に着いてしまう。こういう「無知の力」を私たちは生活の中で案外よく実感しているのではないでしょうか。

「人間には知らないことが役立つのであって、知っていることはもう役立たない」

たしかゲーテの言葉だったと記憶しますが、これはおそらく人間の可能性について語られた言葉だと思います。知らないからこそ「知りたい」という知の欲求が働いて、その結果、私たちは自分の知識を広げ、能力を伸ばしていけるのです。

「それについてはもう知っている」——そういうときの満足や安心は実は知の停滞にほかならず、したがって可能性の後退や縮小につながってしまうのです。

無用のものにも用がある

「知らないことの可能性」を強調するのには理由があります。私の研究対象である遺伝子に関しては、研究が進んだとはいえ、いまだにわからないことだらけで、しかも、そのわからないところに無尽ともいえるほどの可能性が潜んでいると考えられるからです。

人間の遺伝情報はDNA上に四つの化学文字——A（アデニン）、T（チミン）、C（シトシン）、G（グアニン）の四種類の塩基と呼ばれる化学物質——によって書かれていますが、遺伝情報の解読が進んだといっても、目下、完全にわかったといわれるのは、この文字がどんな順序で並んでいるかという塩基配列に関してだけなのです。

化学文字の総数は三十億超という膨大なものですが、そのえんえんと続く文字列のどこからどこまでが意味のある情報なのか、その情報は何を指示し、人間の生体のどんな働きにかかわってくるのか。そういうことはまだ、ごく一部のものしかわかっていません。

また、遺伝子はこのDNA文字列のうち、タンパク質をつくる指令を出している部分のことをさしますが、前述したように、その意味（働き）が解明されているDNAは全体の五〜一〇％程度です。残りの大半はどんな働きかわからない、あるいは、どんな働きもしていないのではないかと考えられるDNAのジャンク（がらくた）の部分なのです。

このことをもってして、DNAの大部分は役に立たないがらくただ、でくのぼうだと決めつける人もいます。しかし私は、その事実をひっくり返して考えてみたいのです。つまり、その働きのわからないくずの部分にこそ可能性を見たい。

私は九割に及ぶ不明部分はムダやくずなんかではなく、未知の働きが眠っている可能性の泉だと考えています。だいいち科学的に考えても、DNAの九割以上というのはムダやくずの部分にしては多すぎます。生体を構成する器官や物質の中で生体にとってまったく不要なものというのは基本的にありえません。

もちろんDNAも同様で、かりにムダと見えるものでも、それは意味のあるムダで、何かしら「無用の用」をなしているはずなのです。そのほんとうの価値や意味がいまの科学水準ではまだ解明できていない。そういうことなのだと思います。

くずやでくのぼうにも存在の意味がある。いや、いっけん不必要、無用と見えるものが実はものすごく大きな意味、宇宙の意思といえるほどの深遠な意味をはらんでいるかもしれない。いまの科学には、その「深遠さの可能性」への謙虚な視点が欠けているのです。

無用のものにも用があり、でくのぼうにこそ大きな意味と可能性が眠っている――このことから敷衍《ふえん》できるのは、知らないこと、わからないことはけっして欠落や弱みではないということです。むしろ、知らないことは知ることへ最大のモチベーションとなり、自分の能力を伸ばしていくときの格好の踏み台になりうるのです。

事実、がらくたとみなされていたDNAの部分に遺伝子のONとOFFに関与する働きがあることが、ごく最近わかり出しました。

人間は九八・八％チンパンジーと同じ

一方でもちろん、遺伝子解読が進んでわかってきたことで、万物の霊長である人間に〝衝撃〟を与えたことがあります。人間の遺伝子の数はこれまで考えられていた十万個よりもずっと少なく、三万～四万個程度だというのです。この三万～四万個という数はハエの倍程度、魚やマウスとほとんど同数なのです。そして、最近、最終的に確定した人間の遺伝子は約二万二千個でした。

また、人間とチンパンジーを比較したとき、両者の遺伝子の塩基配列の違いはたった一・二%にすぎないこともわかりました。遺伝子レベルで比較すれば、人間とチンパンジーは九八・八%同じ生き物だということ。人間は九八・八%チンパンジーと同じだともいえます。両者はゲノムレベルでも三・九%しか違わなかったのです。ちなみに人間と植物のイネのゲノム配列の相違部分は約六〇%。人間の四〇%はイネと同じだといわれています。

人間をはじめとするすべての動物から植物にいたるまで、その遺伝情報にはたくさんの共通、共有部分があるということで、このことは、すべての生物は地球上に生きる生き物としてみんな「命がつながっている」ことも示しているのですが、それについてはあとでふれることにしましょう。

この遺伝情報の違いを、こんどは人間同士の個体差で見てみると、個人によって意味のある違いはゲノムの塩基配列千個につき五個くらいであることがわかってきています。ということは、東大を首席で出た人と分数のわからない大学生も、ノーベル賞をとった学者も、皆勤賞くらいしかもらったことがないという人も、秀才と凡才も、利口とアホも、みんなゲノムの塩基配列レベルで見れば、その差は千に五つくらいしかない。どんな人間もほぼ同じ遺伝子を所有する〝チョボチョボ〟の存在だということです。

この事実を再度ひっくり返してみれば、その万に一つの違いが優秀な人とそうでない人の能力の差に大きな影響を与えているとも考えられますが、それにしても共通する部分のほうが圧倒的に多いのですから、その一つの違いなどは、たくさんの眠っている「可能性の遺伝子」をONさせることであっという間に埋めることができるはずです。

では、どうしたら潜在している遺伝子のスイッチをONできるか。これは前述したように環境を変えることが有効になってきます。それが「心」の環境なら、鈴木さん親子のところで述べたように、プラス発想や愛情、喜び、感動といった「陽気」な精神的要因が遺伝子にいい影響を与えます。

また文字どおり、場所を変えるとか人に会うといった物理的な環境を変化させることによっても眠っていた遺伝子をONにすることが可能です。これについては私自身が研究の環境を変えることで自分自身の中に眠っていた遺伝子をONにしていった経験者であり、私は環境変化を契機にして、「知らない」こと――すなわち知識の足りないことやあまり頭がよくないという負の要因をプラスに転じていった幸運な人間なのです。

そこで以下しばらく、私自身の体験に即して、環境の変化が人間に与える好影響について述べてみましょう。

まぐれで入り、あまり勉強しなかった大学時代

私の最初の大きな環境変化は京都大学に入学したことでした。昭和二十年代、敗戦で打ちひしがれていた日本に希望の光を投げかけた日本人に、水泳で世界記録を連発したフジヤマのトビウオこと古橋広之進さんと、ノーベル物理学賞を受賞した湯川秀樹先生がいました。

ごたぶんにもれず、若い私もこの二人を仰ぎ見ていましたが、運動はあまり得

意ではない私は勉学のほうで何とかがんばってみようと湯川先生に憧《あこが》れ、先生が籍を置いていた京大をこころざしたのです。といって格別成績が優秀なわけでもなく、湯川先生が教鞭《きょうべん》をとる理学部はとうてい無理だったので、京大の中でも〝穴場〟と呼ばれ、比較的入りやすいといわれていた農学部の農芸化学科（いまは難関のようです）を受けることにしました。

何とか合格できましたが、これもまぐれかおまけであったといまも思っています。試験の出来はわれながらよろしいものではなく、浪人するつもりで予備校へ行く準備をしていたほどだからです。それが受かったのはまぐれか、そうでなければもしかしたら採点ミスによるものかもしれません。

百人に一人くらいのまぐれか間違いによって入学したと思っていたので、入学してからも、それらしき同級生たちと京大まぐれ組などというあやしげなグループをつくっていました。それくらいだから大学生としても勉強はあまりしない劣等生でした。

現在、大学教授の肩書きで私の研究成果が新聞記事になったりすると、当時の私を知る同級生たちは「これが、ほんとにあの村上和雄か？」といぶかしがるほどですから、学究の徒とはほど遠い学生生活を送ったことだけは事実です。

勉強はしませんでしたが、大学や学生寮に流れていた自由で闊達《かったつ》な空気は若い心を豊かに育《はぐく》んでくれました。反戦思想や政治運動への共感、女子学生との合同コンパやハイキングなど、まさに青春を謳歌《おうか》できる活気ある環境に置かれたことが、私の人間の土台を築くとともに目を広く社会に向けてくれたのです。

とりわけ新鮮だったのは人との出会いです。大学や学生寮には実にいろいろな人間がいました。東大のように秀才、優等生の集まりというのではなく、京大は別名「狂大」とも呼ばれるように変人や個性の強い人間が多く、そういう連中とつきあうだけで、心や世界が開けていくような新鮮で痛快な思いがしたものです。

のちに新聞記者となり、現在、政治評論家としてテレビなどにも出演している岩見隆夫さんは京大の寮でいっしょでしたが、当時から新聞ばかりつくっていて、授業にはほとんど顔を出さない男でした。このように秀才よりも、まぐれ組や奇人変人など個性の強い連中のほうがいま、社会で活躍している人間が多いのは、利口とアホの関係を考えるうえで一つの有力な手がかりになるはずです。

しかし、大学院生になると一転して、それまで勉学に不熱心だったツケが回ってきました。あまりの劣等ぶりに、「このまま卒業したら京大の恥や」と友人からいわれていた私は、それでも何とか大学院へ進んで、そこでは心を入れ替えて学問に真正面から取り組む覚悟でした。しかし、私を直接指導してくれることになった院生の先輩は入学時一番か二番で入った折り紙つきの秀才で、恐ろしく頭が切れるうえに、研究に取り組む姿勢がぼんくらの私とはまるで異なっていました。

学問の追究におのれのすべてを注《つ》ぎ込んで余念がない、そんな気力を全身にみなぎらせた人で、こと学問に関しては自分にも他人にもきわめて厳しく、その先輩が入ってくるだけで研究室の空気がピリッと引き締まって緊張感が漂うような人物でした。

私はこの先輩に、「何でこんなことがわからないのか」「おまえの研究態度はなっていない」と毎日叱《しか》られどおしで、あまりの悔しさと情けなさに、研究棟の屋上で一人ひっそり泣いたこともありました。しかし当時は、「鬼のような人だ」と恐れてもいましたが、いまとなれば、そのように厳しく接してくれたことがいい薬になって、私はしだいに学問のおもしろさ、奥深さに目覚め、やがて農学博士の学位を受けることにもなったのです。

環境が心を変え、心の変化が生き方を定めた

第二の環境変化はアメリカ留学です。留学のきっかけはこの章の冒頭でも紹介した、大学院時代からの恩師である満田先生のすすめによるものでした。先生はことあるごとに私たちに「外国へ行け、外国でいい仕事をして、世界から認められる研究者になれ」と発破をかけておられ、私もその声に後押しされるように思い切って海を渡ることにしたのです。

留学先はオレゴン州のポートランドというところにある医科大学。一九六三年、

私は二十七歳でした。結局、この留学生活は二年で終止符を打つことになるのですが、その二年はのちの私の研究人生の基柱となる充実した二年間であったというべきです。

アメリカでの生活自体はきわめて快適なものでした。結婚したばかりの妻も帯同したハネムーン気分もあったし、留学といっても、すでに日本で学位を取得している私には給料も出ました。しかもその額は、当時の日本の初任給の七倍近くもあったのです。

大学の研究設備もすばらしいものだったし、私の属した研究室には世界五か国から十人ほどの少壮の研究者が集まり、それぞれ物理、生理化学、生物などさまざまな研究分野で学問に励み、互いに交流し切磋琢磨《せっさたくま》するという、いまでいう学際的な環境にありました。それは私にとって、とても新鮮で、また刺激に富んだものでした。

そのような環境に放り込まれて、それが水に合ったのか、私は生まれ変わったように自分でも驚くほど意欲あふれる研究者に変身してしまったのです。英語にはずいぶん苦労させられましたが、環境を変えたことが私の中に眠っていた「やる気」の遺伝子を活性化させて、積極的に研究に取り組むようになり、日本にいたときには考えられなかった大きな成果もあげることができた――それにはアメリカの厳しくも自由で、公平でバイタリティにあふれる研究環境が大きく作用していたと思われます。

最近では少し変わってきましたが、日本の大学にはいまも序列社会が生き残っています。役所のような慣例重視や前例主義もぬぐいさられてはいない。だから若くてやる気のある研究者にとっては不自由でやりにくい環境にある一方で、その序列などを守ってさえいれば、一度手に入れた地位や身分を安泰に保っていられるぬるま湯体質があります。

しかしアメリカは、これとは正反対の環境にあります。たとえば日本とは逆に、研究室でいちばんよく働くのはボスである指導教授ですし、研究の前では教授も若い研究生もみんな平等です。かけ出しの若い研究生が偉い先生をつかまえて熱っぽい議論をふっかけたり、それにたいして偉い先生が少しも偉ぶることなく、ていねいに応答する。そういう場面を私は何度も見ました。

学問という真理探究の場では年齢や立場を問わず、研究者として対等である。そういう実力主義が前提として浸透しており、その中で若い研究者も自由にのびのびと学問に打ち込める環境にあるのです。

それだけにまた厳しさもひとしおで、たとえすばらしい業績を上げた人でも、その後の研究が泣かず飛ばずだと研究費が打ち切られて、職を辞さざるをえない状況にも追い込まれてしまいます。

たとえば、あるノーベル賞学者の講演を聴きにいったとき、話の途中でその人が「自分の研究が審査で却下されてしまった。もう研究費が出ない」と泣き出してしまったことがありました。私はアメリカという国の自由と背中合わせの厳しさを目の当たりにして、恐怖感に近い思いを抱いたものです。

アメリカには世界各国から有能な人材が集まり、しかも年功序列や終身雇用という発想がありませんから、老い若きの別はむろん、過去の実績がいまの評価の対象になることはほとんどありません。評価されるのはひとえに、いまどれだけの業績を上げているか、あるいは、これからどういう業績が上げられるかという、現在の実力と将来の可能性についてだけなのです。

こういう環境にはいい面、悪い面の両方ありますが、自由と活気にあふれていることは事実で、幸運なことに、それが当時の私にとってはプラスに働きました。新鮮で刺激的で、やりがいをもたらしてくれ、私は自分の研究に自由にじっくりと取り組むことができたのです。

一つの研究成果が世界一流の専門誌に掲載されて大きな自信にもなり、この科学の道を究めることに一生を捧《ささ》げようという「心定め」をすることもできました。つまり環境を変えたことが、研究への取り組み方を根底からがらりと変えてくれただけなく、自分の生き方の重心や指針までしっかりと定めてくれたのです。

環境を変えたら、心が変わり、人間が変わってしまった――それには環境を変え、心のありようを変えることで眠っていた遺伝子が目覚めるという、遺伝子ONの作用が働いているにちがいないのです。

退路を断って、ふたたびアメリカへ

もっとも異国の生活には、当然のことながら苦労もありました。その最たるものが言葉、私のつたない英語の能力です。留学前に少しは勉強していったのですが、研究生活をスタートさせてみてすぐに、ああ、これは困った、おれの英語はまったく通用しないぞと思い知らされました。

研究室に集った各国からの研究生も、みんなそれぞれ出身国なまりはあるものの、英語をまあ不自由なくあやつれます。しかし、その中では私が断トツに下手くそで、会話も私だけが筆談で行う始末でした。

それまでに英語の文献や論文を読んだり書いたりしていたので、読み書きにはそれほど苦労しなかったのですが、聞くと話すがダメで、とりわけヒアリングに関してはほとんど聞き取れません。あるとき指導教授が自宅のパーティに招いてくれたときも、楽しそうに会話を交わしているみんなのいうことが理解できない私は、しかたがないので隅っこでもっぱら飲み食いに専念していました。

そのとき教授が飼い犬に何か話しかけている。むろん英語でです。犬はそれをすぐに理解して、いわれたとおりに行動する。しかし、それすら私にはよく聞き取れない。「おれの英語は犬以下か」とずいぶん落ち込んだものです。

ここでも劣等生の面目躍如だったわけですが、しかし、そうこうしているうちにしだいに英語にも慣れてきました。最後まで上達はしませんでしたが、何とか英語で講義するくらいまでには話せるようになったのです。結局、異国の新しい環境の中に放り込まれて、イヤでもつたなくてもその国の言葉を話さなくてはならない状況に追い込まれた必要性が私の語学力を鍛えてくれたわけです。

つまり、私の英語能力も自分の中に欠けていたのではなく眠っていたのにすぎない。それが環境が変わったことによって、望むと望まざるにかかわらず刺激を受けて、そのスイッチがONになったのです。このことからも、**能力は環境によって刺激を受け、経験によってつちかわれるものだということがわかると思います。**

さて、その後、日本にいる満田先生から「自分の仕事を手伝ってほしい」という連絡があり、私は二年に及ぶ留学生活にピリオドを打つことになりました。京都大学へ戻って先生のもとで助手として働きはじめたのです。

しかし数年後には、また日本を離れ、アメリカでの研究生活を再開することになります。この二度目の留学は実は〝逃亡〟に近いものでした。というのは、私は恩人である満田先生に結果的にその恩を仇《あだ》で返すような失礼な行為を働いて、日本にいられなくなってしまったからです。

くわしく述べる紙幅はありませんが、当時、全国の大学は学生運動の高まりで大きく揺れ動いていました。その運動は七〇年安保闘争に向けての政治運動でしたが、やがてアカデミズムの塔のうちに安穏と閉じこもって旧態依然とした教育・研究システムを続ける大学にたいする改革運動の様相を帯び、それとともに運動はどんどん先鋭化していきました。

もともと政治には無関心であった私も学生たちの運動に共感を覚え、助手を務める身分でありながら大学改革の動きにのめりこんでいったのです。助手会の幹部にもなり、あるとき学生との対話集会への参加を拒みつづける教授連に業を煮やして、恩師の満田先生に集会に参加してくれるよう頼みにいきました。

対話集会といっても、実際は学生による教授の吊《つ》るし上げみたいなものです。その場へ恩師で仲人も務めてもらった先生を引っ張り出そうというのですから、私にも覚悟がありました。どんな覚悟かというと、「大学を辞めよう」という覚悟です。

恩師に無礼を働いたということもありましたが、それ以上に、そのころにはすでに運動を行っている自分の矛盾に耐え切れない思いが募っていたからです。大学の矛盾、社会の矛盾を追及するといっても、自分の身分はその大学から給料をもらっている助手です。しかも京都大学は国立ですから、そこに勤める自分は国家公務員でもある。自分が「敵」と定める相手に雇われ給料もいただいている、この矛盾。

さらに、旧弊なアカデミズムの代表者として追及の対象としてきた当の教授にやがて私も「出世」していく――こうした矛盾が自分で耐えられない気がしていたのです。その自己矛盾はすぐに自己嫌悪に変わり、ほんとうに攻撃すべき相手、変革すべき相手は大学や社会など自分の外側にあるのでなく、自分の内側にあるその自己矛盾そのものではないか。

こういう考えにいたったとき、私はもう大学を辞めよう、日本にもいられないと思い、ふたたびアメリカへ行く決意をしたのです。私がアメリカへ行くと知った学生からは、「先生、逃げるんですか」「敵前逃亡だ」と責められ、吊るし上げを食いましたが、私は後ろめたさを覚えながらも、すでに退路を断った気持ちで日本を離れました。

渡米後、同じ助手の仲間が逮捕されたニュースを聞いたとき、私の胸は痛みとやましさでいっぱいになりました。自分は裏切り者だ、もう大学へは二度と戻るまい。こんど日本へ帰るのなら、大学や研究とはまったく無縁の職業に就こう、それが仲間を裏切ったことへの自分なりのけじめだと覚悟しました。

そして、その考えが一つの転機となって、私はアメリカに骨を埋める気持ちが固まり、腰を据えて自分の研究に没頭する心定めをしたのです。私を一人前の研究者にしてくれたレニンとの出合いはそれから間もないことでした。

曲線的なジグザグ人生が心を豊かにしてくれる

こう振り返ってみると自分自身、若いせいもあって、さまざまな矛盾に愚直に体当たりするような、「まじめ」ゆえの愚行を重ねてきたという気がします。助手の身分にありながら大学改革を訴えるきまじめさはいいとしても、恩師を吊し上げの場に呼び出そうなどとは、アホといわれてもしかたがない愚かな行為でもある。

しかし、その自分の愚直さがまた環境を変え、自分の前に道を開いてくれることにもなったのですから、いまは、その自分の愚かさ、まじめさに感謝の念を抱いています。

最初のアメリカ体験が私の人間の根を張り、幹を伸ばしてくれたとするなら、二度目のアメリカはその枝を広げ、花を咲かせてくれたものであったといえます。二度目の留学中に、レニンという生涯の研究テーマと出合ったのも、ブタの腎臓からはじめてレニンを純粋な形で取り出すという画期的な成果を幸いにもあげることができたのも、そのきっかけはどうであれ、やはり日本からアメリカへ研究の場を移したこと、環境を思い切って変えたことが起点となりました。

二度目の滞在は七年ほどに及びましたが、その途中、ふたたび満田先生からお声がかかり、私は帰国とともに新設の筑波大学へ赴任することになります。このとき先生は、私のかつての行為が私憤からではなく、大学のことを真剣に思っての一途《いちず》で性急な正義感からだとおわかりになっていたのでしょう、過去の非礼をこころよく許してくれ、「もうすんだことだ、私も若かったらキミ以上に暴れていただろう」と笑ってさえおられました。

私はその寛容さと大度量の前で言葉もなく、ただ、ありがとうございますと頭を下げるばかりでした。満田先生こそが私の遺伝子のスイッチをONにしてくれた最重要人物の一人であり、最大の恩人だという気持ちは先生が亡くなったいまも少しも減ずることはありません。

このようにマイナスと思える出来事がのちにプラスに転じる体験を重ねてみると、こういう愚直でアホな生き方も悪くないなと思えてきます。天は見ているのです。見ていないようで、必ず見ている。

何を見ているかといえば、どれだけ成果をあげたかではなく、どれだけプロセスを一生懸命に努めたか。かしこく要領いいやり方よりも、不器用だがまじめで愚直な生き方。そういうものを天はよく見ており、また高く評価もしてくれるのです。

愚直な生き方はジグザグで遠回りを余儀なくされる「曲線的な生き方」なのかもしれません。ものごとを成就させるまで時間もかかります。その点、かしこく利口な人は最短距離をまっすぐ要領よく行く直線的な生き方が可能です。しかし私は曲線的にしか生きてこられなかったし、人にもあえてその遠回りの生き方をすすめたいのです。なぜなら、曲線は人に深みや厚み、奥行きや豊かさを与えるからです。

戦後の治水行政は川をまっすぐにして、大水が出たらそれを最短距離で海に逃がすことで洪水を防ぐ方法をとってきました。しかしその結果、堤防はどんどん高くなり、河川敷も狭くなったうえに、川が自然に蛇行しているために深みもあれば浅瀬もあり、ゆっくりと流れるところもあれば急流もあるという、生物にとっての多様な生息環境が失われることになりました。

それは曲線を排して直線を優先したことの結果ともいえますが、そうした直線的な方法は、いまさまざまな点で行き詰まりを見せています。人よりいい成績を上げて、いい学校、いい会社へ入り、勝ち組の椅子を得るために決められたコースを一直線に突き進む。最短距離で先を急ぐ。そういう戦後的生き方のモデルはほんとうに私たちに真の幸せをもたらしてくれたでしょうか。

それよりも回り道もあれば寄り道もある、蛇行や曲線を厭《いと》わずじっくり進む鈍く愚かでアホな生き方のほうが、よほど私たち人間に生物としての豊かさや多様性、深みや厚みを与えてくれるのではないか。私にはどうもそのことが疑いもない「科学的事実」のように思えてしかたがないのです。

第4章

くさらない、おごらない、屈しない

「天の貯金」から学んだ利他の心

銀行には宇宙銀行と地上銀行がある。地上の銀行はつぶれることもあるが、宇宙の銀行はつぶれない。だから、おまえたちの小づかいやらお年玉やらはみんな宇宙銀行に預けておいてやろう――。

私の小さいころ、祖母は孫たちによくそのようなことをいい聞かせていたものです。

祖母はそれを「天の貯金」といっていましたが、幼い私にはそれが少しうらめしく、天の貯金もいいが、こっちの貯金箱にも少しお金を回してくれないものかと不満を抱いていたものでした。

なぜなら、祖母は貧しい家計の中から何とか蓄えたお金を自分たちで使ったり孫に与える代わりに、寄付というかたちで自分たちよりもっと困っている人やさらに貧しい人へ回していたからです。祖母の説明はこうでした。

「そうやって宇宙銀行にお金を預けておけば、情けは人のためならずで、あとで一万倍にもなって返ってくる。自分に返ってこなくても、子どもや孫の代になって、何らかの報いがもたらされる」

そのような「善意の応報」ともいうべき祖母の考え方は彼女の信仰心に基づいたものでしたが、そこには素朴ながら利他の観念が含まれていて、自分の財布のお金を「まず人さまのために使う」、それによって金銭を徳に変えていく。それをわずかながらでも毎日の生活の中で実践することが、祖母のたしかな道徳律となり生きる指針ともなっていました。

祖母の影響を受けた母も同じようなことをしょっちゅう口にしたものです。たとえば旅費が工面できず、私が高校の修学旅行への参加をあきらめたときも、「いまはつらいだろうが、将来、天の貯金に利息がついて、おまえはきっと世界中を飛び回れるようになるよ」。

海外旅行などお金持ちかエリートにしか許されない時代のことで、当時の私はそれを母のむなしいなぐさめとしか聞きませんでしたが、その後、ほんとうに二度のアメリカ留学をし、研究活動で何十回も外国へ出かけることになりました。まさに母の言葉どおりになったのです。

血は争えないもので、この考え方は三代目の私にも知らず知らずのうちに「遺伝」しているようです。私もこれまで、ささやかながら天の貯金を実践してきました。若いころには収入の一割を、いまは講演料とか本の印税などをほぼ全額寄付しており、大学の退職金もライフワークである「心と遺伝子研究会」の運営に全額注《つ》ぎ込みました。

それで人からは、「高くつく道楽やな、アホか」と笑われたり、いよいよ遺伝子の道を極めるつもりかという意味で「極道」呼ばわりもされていますが、私は祖母や母がしたように、せっせと宇宙銀行にお金を積み立てているつもりなのです。

それが満期になったのか、「ああ、これは天の貯金が下りてきたのだ」と思わされることもこれまで何度か経験しました。以前に紹介した、レニンの研究が行き詰まったとき、ドイツのハイデルベルクで偶然にも中西先生に出会い、局面打開の後押しをしてもらったことをはじめ、私は節目節目で幸運な出来事に出合い、それに導かれるようにしてピンチを脱したり、チャンスをつかんだりしてきたのです。

それはけっして偶然などではなく、いい行いにはいつかいい結果がもたらされるという天の理《ことわり》に沿ったもので、天の貯金には必ず利息がついて返ってくること。すなわち「人のため」の行為にはそれ相応の見返りがあることが、私には疑いようのない天の配剤と思えるのです。

もちろん、その見返りがなくてもかまわないと思っています。人のためにする行いが自分に利益をもたらさなくとも、そのことがわずかなりとも世の中のどこかで、人のために役立っているのなら、それでよしと自足する。そういう利他の精神を、私は幼いころに祖母や母から教え込まれた気がします。

私がいま研究に専念し、その成果を微力ながら社会のために役立てようと活動できるのも、かつての祖母や母や父の貯金のおかげかもしれないのです。

人間を進化させてきた「三つの合い」

こういう話を聞いて返ってくる反応には、「古くさい考え方だ」とか「人のためなんてきれいごとだ」というものが多いかもしれません。しょせん人はエゴのかたまりで自分だけがかわいいもの。利他の精神など、それこそ金持ちの道楽か修身の教科書にでも書かれている美辞麗句にすぎない。だいいち戦場で、自分の命を捨ててまで他人の命を助けられる兵士などいない、だれも自分の命がいちばん大事なのだ――。

それは事実でしょう。私もそれを否定しません。しかし、人間の心を占めるのがこうした利己だけでないのもまた事実です。自分がいちばんかわいいというエゴもあれば、人のために尽くしたい、人を喜ばせたいという利他の思いもある。人間の心にはそういう二面性が備わっているのです。

ですから、電車でお年寄りに席を譲れば、「いいことをした」と自分も気持ちよくなるはずです。善行が自分にとっても喜びや快楽である。そういう「他を利する」精神も人間の中にはたしかに存在しているのです。そのような遺伝子が私たちの中にはあらかじめ組み込まれていると思われるのです。

利他行為や善行がうさんくさく感じられるのは、それを周囲にこれみよがしに見せびらかしたり、他人に強制したりするからで、そういう見栄やパフォーマンスを除けば、人間はだれも利他という〝美しい心〟を備えている。人間の本質とは案外、性善説で「お人よし」なものなのです。したがって、人間はしょせん利己的な動物にすぎないと決めつけるのは人間の本質を半分しか洞察していないことになる。その「科学的証拠」を一つ、二つ紹介してみましょう。

行動生態学者の長谷川真理子先生の興味深い研究によれば、集団の進化をコンピュータ・シミュレーションしてみると、「ゆずる心をもった人」の集団がもっとも生物として進化しやすいという結果が出ているそうです。コンピュータに「どんな人が最後に生き残れるか」を推測させたところ、力の強い人、自分のことを優先させる人、競争で勝ち抜いていく人といった集団よりも、ゆずり合いやギブ&テイクの精神をもった人たちがいちばん最後まで残るのです。

利己を優先する人はいっときは強いが、やがて利己同士が争って集団自体が滅びてしまうことがある。それよりも所有物や利益を独占せず、互いに融通し合うようなお人よし集団のほうが進化生存に適しているという結果が出ているのです。

これで連想されるのがガン遺伝子です。ガン遺伝子は自分のコピーをあたりかまわず、自分の都合だけで大増殖させます。それで正常な細胞を駆逐してしまい、臓器を死にいたらしめてしまう。するとガン遺伝子は他の臓器に転移して、そこでも同じことをする。それをくり返して、結局、自分の住居である個体を滅ぼしてしまい、自分自身も消滅する運命に追い込まれてしまう。利己の増殖が最終的にわが身も滅ぼしてしまうわけです。

また、進化論の要《かなめ》は適者生存で、強いものが弱いものを駆逐することで生き物は生き残ってきたとされますが、最近では、このダーウィンの説に異論が出されたり、疑問を投げかけるような証拠も発見されています。

たとえばケニアで発見された約百五十万年前の猿人類の遺跡からは、強いものが弱いものを圧迫したり、闘争したりした形跡がまったくなく、互いに食べ物を分かち合い、助け合って暮らした痕跡《こんせき》しか見つからなかったといいます。

こうした状況証拠を重ね合わせてみると、人間はどうもこれまでいわれてきたように対立や競争、分断と個別化を原動力として進歩してきたのではなく、むしろ相互扶助――助け合い、ゆずり合い、分かち合いの「三つの合い」をテコに進化してきたと考えられるのではないか。

そうであれば、「自分のため」という利己よりも「人のためにも」という利他の働き、やさしくお人よしの心こそが、私たち人間のDNAにより深く刻み込まれていても何の不思議もないはずです。

ゆずり合い、助け合う「利他的遺伝子」もある

遺伝子の世界でも、この利己と利他に関しての論争があります。もっとも有名

なのがイギリスの動物行動学者リチャード・ドーキンスが唱えた「利己的な遺伝子」説です。人間を含むすべての生物は、遺伝子がみずからのコピーを残すためにつくり出した「乗り物」にすぎず、自分たちのコピーを残す能力にすぐれた乗り物をつくり出せる遺伝子が、結果として、こんにちまで存続してきた。そういう仮説です。

これによれば、生命の主体は個体としての人間ではなく、それをコントロールする遺伝子であり、いわば遺伝子が御者となって馬である人間をあやつり、進化の長い歴史を走ってきたことになります。遺伝子があたかも意志をもっているかのように、人間を乗り物として利用することから利己的な遺伝子と名づけたわけです。

遺伝子が主で人間は従、主人である遺伝子は自分の得になるようにしか振る舞わない利己的な存在である。この説は世界中にセンセーションを巻き起こして論争の火種となりましたが、私はむろん、この説をとりません。

ガン遺伝子のような利己的な遺伝子もあるが、逆に、ゆずり合いや助け合いの働きもする利他的な遺伝子もあり、その二つがバランスよく機能することで、人間をはじめとする生物は生存のための内部環境を整えていると考えているのです。

たとえば、オタマジャクシのしっぽはカエルに成長した時点でまったく姿を消してしまいます。これは成長につれて不要になった組織の細胞がみずからこわれるからで、この細胞の「自殺」の働きをアポトーシスといいます。もちろん遺伝子の中に、モータリンと呼ばれる自殺を促す遺伝子が存在しているからです。

自殺を促すといっても、それは遺伝子が仕組んだ「計画死」であり、全体の組織が正常に成長していくために、役割を終えて不要になった部分にスムーズに退場してもらう働きです。つまりアポトーシスとは、全体を生かすためにその一部が自己犠牲になるシステムで、こういうのは遺伝子の利他的な働きといえます。

あるいは、人間の体は役割の異なる三百種類以上の細胞からなっていますが、そのそれぞれ異なる機能をもつ細胞は自分独自の働きをしながら、しかしそれだけに固執せず、他の細胞を助ける働きもしています。だからこそ、それらの細胞の集合体である一つの臓器の正常な働きが可能になるのです。

さらに、その臓器もまたそれぞれ異なる働きをしながら、臓器の集合体である個体全体の働きを助けている。部分が個別に動きながら、他者や全体の動きにも奉仕しており、しかも、その相互扶助の関係は何層にも重なり合っているのです。

なぜ、こんなみごとなことが可能なのか。医者に聞けば、「自律神経がやっていることだ」と答えるでしょう。では、その自律神経を動かしているのは何なのか——。

少なくとも、こういう部分と全体の調和や助け合う仕組み、自分で活動しながら「他も利する」働きが自然発生的に行われているとは考えにくい。私はそうした「利他的な活動を行え」という情報が遺伝子に書かれているからだと思います。

したがって遺伝子には、自分だけが得しようというエゴ志向もあるが、その半面、他人を助けよう、人のために行動しようという利他志向もちゃんとあって、それはそのまま、利己的であると同時に利他的である、いや、利己的である以上に利他的であるという人間本来の特質に反映されているのだと思います。

自分を後回しにすることが自分を生かす

このように、「人のため」という利他性は何も特別なことでなく、遺伝子が定めている人間の生まれつきの特質なのです。それを損得勘定で見てみても、人のためにやったことがめぐりめぐって、やがて自分の得になるのは珍しいことではありません。

反対に、自分だけの得を図るのは得への最短距離のようにみえて、実はそうではないのです。それで得る得は浅く、小さいものです。自分の得ばかりを図っている人を端《はた》で見ていると、そういう人はどこか人間が小さく見えるはずです。自分が、自分がと自己主張ばかりする人も同じ。自分のためにしか行動しない人間は結局、可能性を自分で限定してしまうことが多く、得るものも小さくなってしまうのです。

その点、自分のためより人のためを優先する人は遠回りはしますが、可能性を

確実に広げることができ、その結果、得るものも大きい。ですから、ほんとうに自分の得を思う人は自分のことよりもまず他人の役に立つことを考えるものです。他人の得を図り、その結果、自分にめぐってきた得こそが遠回りしたぶん、いっそう大きな得であることを思慮深い人は知っているのです。

利己は利口に通じて、すばやくかしこい方法かもしれないが、そこから得るものは浅くて小さい。一方、利他は遠回りで時間もかかる「愚かな」方法ですが、大きくて深い果実が手に入るのです。

また、利他とは自分を後回しにすることでもありますが、自分を後回しにすることこそがほんとうの自分を生かす道かもしれない——細胞の利他的な働きや、それをコントロールしている遺伝子の精密な働きを知るにつけ、そんな思いも強くします。少なくとも、利他はそれがどんなものであれ、最低限の得を保証するものです。だから私たちは、利他という生まれつき備わっている愚かさを忘れてはいけないと思います。

利他や自分を後回しにするということを考えるとき、私には一人の知人の顔が浮かんできます。神戸で「師友塾」という不登校生のための私塾を開いている大越俊夫さんです。大越さんはこれまでに六千人を超える「学校へ行けない」子どもたちを受け入れ、立ち直らせるという、地味ですが尊い仕事を三十五年にわたって静かに続けてきた人です。

彼の運営する師友塾は、不登校の子どもたちに学力をつけて学校へ戻らせることよりも、既成の学歴コースから外れたことで目的や気力を失い、迷路に入ってしまった子どもたちを何よりまず元気にし、彼らの「根っこの生命力」を養って「学校へ行かない生き方」を可能にしてやることに力点が置かれています。

同塾へは私も何度も講演に招かれていますが、そのたびに感心するのが、塾生たちのいきいきはつらつとして、しかも礼儀正しい態度です。それはとても学校へ行けずに悩み苦しみ、自殺を考えるまでに追い込まれていたとは信じられないほど明朗ですがすがしいもので、彼らが大越さんのもとでいかに心身の元気を取り戻したかを如実に物語っています。

そうした塾生諸君に接するたびに、環境を変えることが眠っていた遺伝子のスイッチをONにするという私の持論の格好の実例を見るようで私もうれしく、及ばずながら師友塾の応援団の一人を自認しています。

いまでこそ不登校は社会的な認知も受けていますが、三十年以上前、学校へ行けないことはそれだけで子どもたちに落伍者《らくご》の烙印《らくいん》を押すものでした。そのような周囲の無理解の中で、それでもみずからの信念を曲げることなく、不登校生を救うという「利他」に人生を捧《ささ》げてきた大越さんの、不器用で愚直を貫く生き方は称賛に値するものだと私はいつもひそかに感心しているのです。

人のために生きることで自分の幸せをつかむ

先日も師友塾の講演に招かれ、その幕間に大越さんと雑談していたおり、彼はすごいことをいっておられました。

「村上先生、生意気なことをいうようですが、人は自分が幸せになろうとしている間はけっして幸せになれるものではありませんね」

お茶を飲みながら、しみじみといった感じでそうつぶやくのです。

「ほう。なぜです」

「はい。塾生たちを少しでも元気にすることで彼らの幸せに寄与したい。私はそういうつもりでこの仕事をやってきました。それで塾生の幸せにわずかながら役立ってきたという自負もあります。しかし最近、気づいたのです。それによって、いちばん幸せになったのはほかならぬ私自身だということに。私は彼らを幸せにしているつもりで、実は彼らに幸せにしてもらっていたのですね」

大越さんはそれに続けて、次のようなことを話してくれました。

——それがいいことなのか悪いことなのかわかりませんが、いまの私からはもう私的な悩みが消えてしまいました。塾長としては、塾生の心や体を何とか元気にしてやりたいという思い。塾の経営者としては運営やスタッフの心配など。自分の思いや悩みはすべてそうした「他者」のために使われているので、自分だけの悩みを悩むヒマがなくなってしまったのです。

すると不思議なことに気づきました。人のために悩んでいると、自分の悩みなんかいつのまにか雲散霧消してしまうのですね。あったとしても、人のための悩みに比べれば、自分の悩みなんかまったくたいしたものでないと思えるのです。私の幸せもきっとそこから生まれてきているのだと思います。つまり、自分の悩みは後回しにして、塾生の悩みや苦しみを取り除こうと考えたときから私の幸せは始まったのです。だれかを幸せにしようとしてはじめて自分の幸せが手に入る。他人の幸福を優先することで自分の幸福もたしかなものになってくる。私はこのすばらしい逆説を塾生たちから教えてもらいました。だから、彼らが私に感謝している百倍も私は彼らに感謝しているのです――。

こういう話を聞きながら、私はしばらく返事ができませんでした。同じ教育に携わってきた人間として、私は大越さんほど幸福ではないという忸怩《じくじ》たる思いにひたされていたからです。いや、こんなことがいえる教育者は世界にもそれほどいないはずです。

大越さんのいうとおり、教育にはたしかに双方向性があって、教えることは二度学ぶことだという格言のとおり、先生は生徒に教えながら、いつも生徒からいろいろなことを教わっているものなのです。私も教育者の一人ですから、そのことはよくわかります。

しかし、それがそのまま自分の幸福かといえば疑わしい。そこを大越さんはためらいもなく直截《ちょくせつ》に、私は生徒に幸せにしてもらったこの上ない幸せ者だと断言する。それは、ひとえに不登校生という社会が切り捨てがちな〝落伍者〟を再生するために、独力で、本気、愚直におのれの生涯をかけてこられた大越さんだけが得られる幸福であり、栄光であると思います。

そして、その幸福の本質は――大越さんはそういう言葉を使いませんでしたが――塾生のためという「利他」にあると思うのです。すなわち、人の悩みを悩むとき自分の悩みが消え、だれかを幸せにしようとしたとき自分の幸せが始まる。

あるいは、他人のために生きるとき自分も生かされ、人を助けてこそわが身も助かる。したがって、もっともたくさん与える人がもっとも多く得る人なのである――大越さんと同じく、私もこのすばらしい利他の逆説を信じています。

こぶしにほほ笑みで報いた偉大なる〝愚か者〟たち

利他とは利己を超える大きな心のことでもありますが、私は幸運なことに、世界レベルの「大きな精神」を目の当たりにした経験があります。二〇〇六年の秋に広島で開催された国際平和会議（私はその総合司会を務めました）に三人のノーベル平和賞受賞者が出席したときのことです。

亡命生活の中、愛と非暴力でチベット問題の解決に尽力している法王ダライ・ラマ十四世。南アフリカの不条理な人種差別政策を廃止させ、人々の和解に努めるデズモンド・ツツ大主教。北アイルランド独立闘争で犠牲になった罪のない子どもたちのために平和の行進デモを行った女性ベティ・ウィリアムズさん。この三人です。

それぞれがスピーチを行い、いずれも深いメッセージに満ちた内容でしたが、とりわけ印象に残ったのは、ツツ大主教の「なんじの敵を許そう」というメッセージでした。ツツ大主教も黒人であり、南アフリカのアパルトヘイト（人種隔離政策）の犠牲者でしたが、彼は自分たちを迫害した白人たちの罪を許し、暴力抜きの平和的な和解をめざそうと同胞に呼びかけました。

そのため南アフリカでは、白人への報復行為が起こらず、非暴力のうちに共存的な国家が建設されることになったのです。かつて自分を虐げた「敵」を許し、こぶしにたいしてほほ笑みで報いるというこの寛大な精神は、ツツ大主教と並ぶ同国の指導者で精神的支柱でもあるネルソン・マンデラ氏とも共通したものです。

マンデラ氏も長い牢獄《ろうごく》生活から解放され、新生した国の大統領に就任したときに、彼は暴力にたいして非暴力でこたえました。白人もまたアパルトヘイトの犠牲者であり、報復は暴力の連鎖を生むだけだから、罪ある白人にはその罪をみずから告白してもらい、そのことで私たちは彼らを許そうと訴えたのです。のちに映画にもなりましたが、マンデラ氏は大統領の就任演説式に自分を閉じ込めていた監獄の看守を招待しているほどです。

自分を虐げた相手を許す。多少の政治的演出があったとしても、なかなかできることではありません。私がすごいと思うのは、彼らに憎しみや報復の心がまったくなかったことではありません。彼らが示した海のような寛大さ、その裏には煮えるような憎悪や復讐《ふくしゅう》心があったにちがいありません。しかし、彼らはその憎悪を超え、復讐心を克服した。すばらしいと思うのはそこです。

いじめられたからいじめ返すのは当たり前だ。そういう報復心という利己を超えて利他寛容な心を実践した。彼らのほんとうの偉大さはその「大きな愚かさ」、大賢に通じる大愚の精神にあると思うのです。

チベットの指導者を支える「敵こそ師なり」の哲学

もう一人の大愚を実践する賢者、法王ダライ・ラマ十四世。私は法王とは何度かお会いして、対談する機会も与えられましたが、法王もまた「なんじの敵を許す」を地で行く人物といえます。いや、法王の場合は「中国はわが師です」と、自分たちに弾圧を与える国のことを自分を鍛え、導いてくれる先生だとさえいっているのです。

対談した際も、国を追われ、寺を焼かれ、同胞の人たちにさまざまな弾圧が加えられていることに憤りを覚えるが、中国人そのものにたいして憎悪の念を抱くことはけっしてないと断ったうえで、法王はこう述べられました。

「敵と思えるような相手に出会ったら、それを忍耐や寛容を与える修行だと考えてみてください。そのように考えると、敵は私たちの師であり、先生だといえます。敵はとてもありがたい存在なのです。人生の苦しい時期は、有益な経験を得て内面を強くする最高の機会なのですから」

自分たちに鉄拳《てっけん》を振るう相手にも「ありがとう」と感謝する。これは法王の宗教心の中核をなす考え方であり、したがって本心からの言葉だと思います。

客観的に見ても、中国の弾圧がなかったら、法王はチベットの指導者の地位にあり、現在のような世界的な宗教家、精神的なリーダーにはなっていなかったはずです。アメリカのセントラルパークで集会を行ったときなど数万人が公園を埋め尽くしたほどで、それほど人気と尊敬を集める平和の伝道者になっている。

法王をそこまでの大人物に仕立てたのは中国の弾圧のおかげともいえ、その意味でも、たしかに敵は師、自分を成長させてくれる先生といえます。自分の味方ではなく、自分と敵対するものが自分を磨いてくれる。こういう考えを精神の礎石とする人間を迫害の対象にしている中国は、ずいぶん厄介な人物を〝敵〟に回してしまったものだと思います。

ダライ・ラマ法王は科学にも非常に興味をもっていて、仏教と科学の対話という催しを毎年のように開いています。「仏教は心のサイエンス」だから、自分も最先端の科学に学ぶので、科学者も仏教の深い真理に学んでくださいと、一週間ぶっつづけでレクチャーやディスカッションを行うのです。

法王と私と、ニュートリノの研究でノーベル物理学賞をもらった小柴昌俊氏の三人の公開シンポジウムで、小柴氏が実にストレートな質問をなさった。

「ダライ・ラマさん、あなたは慈悲や思いやりを説いておられるが、その心でテロリストの親玉ビン・ラディンを説得できますか？」

会場が一瞬、静まり返りましたが、ダライ・ラマ法王はほぼ即答しました。

「それはたいへんむずかしいことかもしれません。しかしチャンスがあれば、私はビン・ラディン氏に会ってみたい。彼は銃を持っているにちがいないが、私は、そう、小さな仏像を持参したいですね。私は彼も仏の子だと考えていますから」

この答えに、小柴氏がたたみかけるように問いを続けました。

「では、ヒットラーもスターリンも仏の子どもですか」

「そう思います。すべての人間は仏の子なのです」

ヒットラーをヒットラーにしたのは時代や境遇であり、それ自身が悪であるような人間は存在しない。したがって、みんな仏の子どもだ。そういう意味のことを法王は述べられたのです。これまた悪を悪として片づけない、それを許しの対象にする寛大な心のあらわれといえましょう。

といって、法王は宗教心に凝り固まっているのでもなく、非常に柔軟な心ももっています。たとえば、ある科学者が科学的な事実と仏教の教えの明らかな矛盾を指摘したとき、法王は仏典のほうに明確な間違いがあるなら、仏典を変える用意がありますといったのです。これはすごい言葉です。

ローマ法王がバイブルを修正するなどとはけっしていいません。しかしダライ・ラマ法王は、「私は一〇〇％仏陀《ぶつだ》の弟子だが、仏典を書いたのは仏陀ではない。その弟子が後世に記したものだ。弟子は人間なので、人間のすることに誤りがないことはありえない。自分も読んでいて、ここはどうもおかしいと思う箇所がある――などと、みずから帰依《きえ》する宗教の絶対性に固執しない姿勢をあっけらかんと表明するのです。

つまり、とても正直でやわらかい心をもち、開放的で柔軟な思考をする人物で、宗教家にありがちな排他性をみじんも感じさせません。私と並んで写真を撮ったときも、やや緊張している私の頭の後ろから手を回して、「もっと笑いなさい」とばかり、私の耳たぶをこちょこちょくすぐるようなちゃめっ気もあります。

そのような明るさ、「陽気さ」ももち合わせているため、困難なチベット問題についてもけっして絶望することはないでしょう。ふところの深い大度量の人物で、ああいう人物は敵こそが師と考えるような「大きな愚かさ」の中からしか練り上げられてこないものなのです。

「ひらがな」に宿る日本人の精神文化

そのダライ・ラマ法王が私の手を握って、こういったことがあります。「二十一世紀は日本の出番ですよ」。日本の何が出番かといえば、高い経済力や科学技術力をもちながら、欧米のように自然を敵対や克服の対象とはせず、むしろ自然を敬い、その中に溶け込むようにして自然とともに何千年も暮らしてきた日本人のおだやかで調和的な精神や文化。それこそが、この混乱と不安に満ちた世界に必要だと法王はいうのです。

たとえば以前にも少しふれたように、「ありがとう」「いただきます」「もったいない」「おかげさま」といった、私たちが日常の中で使っている平易な「ひらがな」の言葉のうちにも、日本人の精神性は濃く宿っています。

これらの言葉はみんな外国語には訳せません。英語にもフランス語にも中国語にも、これに近い言葉はあっても、これに相当する言葉がないのです。ケニアの女性環境保護活動家ワンガリ・マータイさんの紹介によって、「モッタイナイ」は世界の環境保護の合言葉になりつつありますが、ということはつまり、それまで世界には日本語の「もったいない」に相当する意味をもつ言葉がなく、その言葉にあらわされる明確な概念も文化もなかったことになります。

「ありがとう」もそうです。ありがとうは単なるサンキューの意味ではありません。「有り」「難い」、つまり、ありえないものがあることにたいしての深い畏敬《いけい》と感謝の念をもとに生まれてきた言葉なのです。

どれくらい「有り、難い」のかといえば、進化生物学者の木村資生《もとお》さんによれば、この宇宙に生命細胞が一個偶然に生まれる確率は宝くじを買って、一億円が百万回連続で当たるくらいのとんでもない希少さなのだそうです。人間は一人につき、その細胞を六十兆個ももっている。私たちの存在はそれほど「ありがたい」ものなのですが、長く自然と共存してきた日本人の精神の中には、そのありがたさが無意識のうちにもしみとおっているのです。

「いただきます」も同じです。食事の前にそれを与えてくれた神に祈りを捧げることはあっても、日本人のように、動植物の命をわが命にいただくことへの感謝の思いを口にする民族や宗教は他に例を見ないものです。

「おかげさま」も外国語には訳せません。アメリカ人にこの言葉を教えたら、「何のおかげなのか」と不思議がられました。しかし私たちは、太陽のおかげ、水のおかげ、空気のおかげ、地球のおかげ、ご先祖さまのおかげなどと何にたいしても感謝の思いを抱きます。それは絶対的な一神教ではなく、森羅万象を備えた大自然を神や仏として敬ってきた自然崇拝の日本人の心によるものです。

したがって、こうした日本独自の心をあらわす言葉に共通するものの一つは「感謝」です。そしてもう一つは「利他」なのです。おかげさま、いただきます、ありがとう、もったいない。みんな自分だけに利や益を呼び込もうとする利己の心を離れて、他者と分かち合ったり、助け合ったり、ゆずり合ったり、融通し合ったりして、人を生かし、自分も生かす利他の精神が込められた言葉なのです。

私たちはこうした平易な言葉にあらわされる日本独自の心や文化、価値観や生活様式などをもちながら、あるいは、それらをベースにしながら、すぐれた経済力や科学技術力も発展させてきた。そんな国は日本以外にはないとダライ・ラマ法王はいうのです。

だから、そんな日本こそがこれからの世界にもっともっと貢献して、世界に役立ち、世界を助け、世界とともに喜ぶような国になってほしい――その思いを法王は「出番だ」と表現したのだと思います。

「他を利する」生き方が遺伝子をONにする

しかし、昨今の新聞やテレビを見ていると、「日本の出番だ」とはなかなか思えないような事件が多いのも事実です。自分の命を粗末にし、人の命も軽んじる、そんな目をおおいたくなるような事件が毎日のように報道されています。

でも、それは何かのメッセージかもしれない。日本人よ、忘れかけていた感謝や利他の心を取り戻して、眠っていた遺伝子をONにせよというシグナルが送られているのかもしれません。そうした日本人本来の精神のDNAが目覚めれば、わが国はダライ・ラマ法王の期待するようなすぐれた国となって世界におおいに貢献できるはずで、そのポテンシャルも他のどの国よりも大きいものなのです。

たとえば、日本人は利他の心が強いのとちょうど裏表の関係で自己卑下が得意な民族で、自国を過小評価するのがつねになっていますが、世界の日本にたいする評価はとても高いものです。日本の評価は国内で低く、国外で高いのが相場なのです。

米英の大学とマスコミが共同で世界二十七か国を対象に大規模なアンケート調査をしたところ、世界にもっともいい影響を与えている国は日本とカナダであるという結果が出ています。経済力や技術力の高さ、教育水準の高さ、治安のよさ、清潔な環境、伝統と新しさをミックスした奥行きのある文化、やさしくおだやか、親切、勤勉で礼儀正しい国民性。

そのような特質と長所が世界で高い評価を受けており、それだけ日本のもつ可能性や世界からの期待は大きいものなのです。といっても、ただ国や政治にまかせるのではなく、一人ひとりが草の根レベルで、たとえば「おかげさま」や「もったいない」という感謝や利他の心を実践していく必要があると思います。

私もまた研究を通じて、社会のため人のためという利他を実践しているつもりです。イネの全遺伝子解読や心と遺伝子の関係の追究もそうですし、最近ではそこから発展して、「食」の研究にも力を注いでいます。

心と遺伝子の関係を探っていく過程で、心が人間の体に大きな影響を与えていることは明らかになってきましたが、もう一つ、人間の心や体に強い影響を与えるものはやはり食べ物であることがあらためて認識できてきました。

私たちの体は骨などを除けば、九十日くらいで、すべての成分がほぼ完全に入れ替わっています。三か月単位というスピードで体は更新されているのです。したがって、絶えずバランスのいい食事をとり、栄養分を摂取する必要がある。このとき人間にとって最良のメニューはやはり日本食なのです。

たとえば、お米を主食とすることで糖分（エネルギー源）の他にタンパク質も補給できます。そのタンパク質も、日本人はお米を単独で食べずに、納豆とかみそ汁などの大豆製品といっしょに食べるのを長い習慣としています。このお米と大豆の組み合わせが互いに不足する栄養を補う理想的なタンパク質栄養価となるのです。

また、私たちが授乳期のお母さんたち約四十名を対象に行った研究によると、発芽玄米（玄米を少しだけ発芽させて食べやすくしたもの）は白米に比べて、免疫成分を増やすとともに、怒り、敵意、うつ、疲労といったストレスを減らす効果があることが確かめられています。日本食の中心であるお米は体にいい、しかも精米する前の玄米という「全体食」はなおのこと体にも心にもいいという結果が出ているのです。

ということは、食の乱れは心身の乱れ、あるいは国の乱れで、先述した世間をにぎわす親殺しや子殺しといった陰惨な事件も、欧米化した食生活に一つの要因があるのかもしれません。

ともあれ、こうしたアプローチから、私たちは日本食がどうして心身の健康にいいのかを遺伝子レベルで調べ、食生活と遺伝子のON／OFFの関係を明らかにしたいと考えています。

伝統的な日本の食生活は世界の栄養学者をうならせ、うらやましがらせるほど、摂取物としてすぐれたものです。同時に、その中心であるお米は食物を超えて、日本の風土や文化を象徴する日本人のアイデンティティを根っこで規定するものです。

したがって、日本の食を研究することは世界が期待を寄せる日本の精神文化、つまり日本の心を探ることであり、私はその成果を人のため社会のために役立てるべく利他の姿勢をつねに忘れないよう心がけているつもりです。

自分を利するのと同じくらい、あるいは、それ以上に他も利する生き方。それは世の中の効率から見れば鈍く愚かなのかもしれません。しかし遺伝子本来の意思に沿った生き方であり、私たちがもっている能力をゆっくりとではあるが、もっとも大きなかたちでONにする、真の賢者の生き方であるからです。

第5章

アホは神の望み

「iPS万能細胞」誕生の意味

少し専門的になりますが、大事な話ですのでしばらくおつきあいください。

人間の体の形成は一個の受精卵を基点にして始まります。一個の受精卵細胞が二つに分かれ、二つが四つに分かれ、四つが八つに分かれ……そうやって無数に分裂しながら生命の個体はつくられていきます。

この一つの細胞が個体になる能力のことを「全能性」といいますが、その全能性は細胞の分裂が進むにしたがってだんだん衰えていきます。つまり心臓という臓器をつくる細胞は心臓を形成する能力だけに特化し、皮膚をつくる細胞は皮膚をつくることだけに専念するようになるなど、それぞれの部位をつくるために機能を分化させていくのです。

いいかえると、それぞれの細胞は各自の役割に徹して、それ以外の能力（たとえば心臓細胞が心臓以外のものになる能力）をシャットアウトしていくことになります。

この働きは遺伝子のなせるわざで、皮膚細胞の中にある遺伝子は皮膚をつくることに関係する遺伝子だけをONにして、それ以外の遺伝子をOFFにする。それによって心臓細胞が心臓以外の臓器をつくることのないように、皮膚細胞が皮膚以外の部位に成長することのないように、遺伝子がみずからコントロールしているわけです。

したがって、分化してしまったあとの細胞にはもう全能性がなく、その細胞が個体に進化していくことはありえないというのが長い間の私たちの常識でした。

しかしその後、クローン羊ドリーの誕生やES細胞（胚性幹細胞《はいせいかんさいぼう》）による「万能細胞」の研究が進んで、人工的な操作を加えることで分化後の細胞を原初の状態に戻し、その全能性を取り戻そうという動きが進展してきました。

ただし、それには絶えず医学的、倫理的な問題がつきまとっていて、たとえばドリーは誕生後、関節炎などさまざまな老化障害に見舞われて数年で短い生涯を閉じてしまいました。ES細胞にしても、受精卵が百個ほどの細胞に分裂したところで取り出し、それらをバラバラにして培養する方法をとっているため、「受精卵という生命の原形をこわしている」のではないかという倫理問題がいつも議論されてきたのです。

しかし、その倫理問題をクリアする技術がこのほど日本から生まれました。それが京都大学の山中伸弥教授たちが二〇〇七年、世界にさきがけて生成した新型の万能細胞「iPS細胞（人工多能性幹細胞）」です。

新聞などでごらんになった方も多いと思いますが、山中先生たちは皮膚細胞という「ありふれた」細胞を使って、いったん体細胞にまで分化した細胞を「初期化」させ、あらゆる組織や細胞になりうる全能的な能力を取り戻すことに成功したのです。

その方法は、たくさんの遺伝子の中から細胞の全能性にかかわると思われる遺伝子を探し出し、それを四つに絞り込んで皮膚細胞に入れるというもので、きわめて厳密な方法から精度の高い結果を得ることができたのです。

もし、この万能細胞技術が実用化されれば、理論的には、どの細胞からでもあらゆる臓器をつくることが可能になり、しかもES細胞のように受精卵を使う必要がないので生命倫理にふれることもありません。

とりわけ期待されるのは再生医療への応用です。たとえば万能細胞から心臓の筋肉細胞をつくって患部に移植すれば心臓病の治療に大きな効果を発揮することになるし、臓器そのものがつくれるようになれば臓器移植はいまよりはるかにスムーズに行われることにもなります。しかも自分の細胞を使うのですから拒絶反応もありません。

生命倫理に抵触せず、医学的にも安全性の高い、高度な科学技術の結晶――それが山中先生たちが成し遂げた万能細胞の技術なのです。

むろん実用化まではまだ長い道のりを経なくてはならず、応用にいたるまでは世界を巻き込んだ熾烈《しれつ》な開発競争がくり広げられることでしょうが、その画期的な技術の最初の扉を開いたことはまさにノーベル賞に値する、日本が世界に誇っていい業績だと思います。

生と死のバランスによって命は生きている

ただ、万能細胞技術にも問題や課題がないわけではありません。たとえば、山中先生たちが使用した遺伝子の中にはガンとの関連が指摘されているものもあり、そのままでは発ガンの危険性がゼロではないとされています。

また、万能細胞の再生医療や臓器移植への応用が進んだ場合、将来的には、傷んだ部位を万能細胞からつくり出した〝新品〟の部位と取り替えることも可能になってくると考えられます。それのどこが問題なのかというかもしれませんが、人間の臓器をあたかも「部品交換」のように扱っていいのか、人間は部品の集まりなのか、命は各部品の寄せ集めなのか。そういう倫理的な問題が新たに持ち上がってくると思うのです。

私は個人的には、生命は部品の集まりではないと考えています。だから、一つひとつの部品を寄せ集めてきて一個の個体をつくっても、それだけでは生命として作動しない。そこに何らかのファクターが加わらないと一つの命にはならないと考えているのです。

もちろん医学の進歩によって人間の健康が増し、寿命が延び、生命力が増強されていくことに異論はありませんが、一方で、そのために人間が「死なない」方向にばかり医学や科学を使っていいのかという疑問もぬぐえません。なぜなら、人間を含む生物は必ず死ぬ運命にあるからです。

どんなに医学が進歩しても、どれほどがんばって生きても、不老長寿はありえないのが生き物の宿命です。それは生物がそういうふうに、つまり、「生きすぎない」ようにつくられているからでしょう。その自然の理《ことわり》にあらがって、生命をひたすら延ばそうということには——人間の欲としては無理のないことでも——生命体としては無理があるのではないでしょうか。

では、どんな目的があって、生物は生きすぎないようにつくられているのか。おそらく次の世代を生かすためでしょう。もし、あらゆる生物が不死だとしたら、この世はとんでもないことになるはずです。種や集団のバランスが崩れて、殺し合いが起こるかもしれません。

そういうことにならないためにも、生物は死ぬことによって、次の生物に席をゆずるのです。古いものが新しいものに道をゆずる働きのこと。それが死であり、死によってはじめて種や集団は維持され、継続されていくのではないでしょうか。

その意味で、死は生の必要条件ともいえます。

そのことは生物の内部を見ても明らかです。私たちの体の中では新陳代謝が絶え間なく起こっています。何千万というおびただしい数の細胞が毎日次々に死んで、やはりすごい数の細胞が次々に生まれてくる。

そのダイナミックな生と死の入れ替わりによって、私たちの命は成立しているのです。古い細胞が死なないかぎり、新しい細胞は生まれてくることができません。

個体レベルで見ても、生は死を前提にして成り立っているわけで、おびただしい死があってはじめて生が可能になるのです。

そう考えてくると、生と死は対立の概念ではないことがわかると思います。生の反対側に死があるのではなく、生の中に死があり、生はあらかじめ死を含んでいる。いいかえると、命の中につねに生と死の二つがあるのです。その二つがバランスをとることで命は生きている。

ですから、死を遠ざけることは生を遠ざけることにもなります。「死にたくない」「生きたい」のは生物それ自体の欲望といえ、それゆえ人間は一刻でも死を先に延ばそうと必死の努力をしてきましたが、だからといって死というものから目をそむけてばかりいると、生からも目をそむけることになるのです。

とくに現代人にはその傾向が強くなっています。先祖をまつる仏壇のある家が少なくなり、おじいちゃん、おばあちゃんも病院で最期のときを迎えることが多く、住み慣れた家で家族に看取《みと》られながら死んでいくケースは激減しています。

つまり、私たちの日常生活から死がどんどん遠ざけられているのです。

遠ざけたまま、死とまったくつきあわずにすむのならそれでもいいかもしれません。しかし死ほどたしかなものはありません。どんな人間も、どんな生物もいつか必ず死にます。生き物は生まれた瞬間から死に向かって生きはじめ、どこかで必ず終点を迎える。

これはだれも逃れられない絶対不動の生命のルールです。その厳然たる事実を怖いからとか縁起でもないからといって目をそむけていたら、死への過程である生の中身もおろそかになってしまうでしょう。

ラテン語に「メメント・モリ（死を思え）」という言葉があります。いっけん、不吉な響きを感じますが、人間は必ず死ぬ存在であることを忘れるなという戒めの言葉です。

限りある命なのだから、生あるうちから死にたいして思いをはせておけ。そうでないと、人間はどこから来てどこへ行くのか、自分の一生をどう生きていったらいいのかなど、生に関する考えが深まらない。**生と死は一つの命の裏と表で、死を軽く扱えば、その生も軽くなってしまう。すなわち、死をきちんと考えないと生の充実もないし、人間のほんとうの幸せもない——そういうことなのだと思います。**

生命がもっている「生きすぎない」という節度

話が少しそれましたが、命には必ず死が訪れるからこそ、生きていることはすごいことであり、尊いことなのです。生命科学の現場にいると、その「生きていることはただごとではない」という思いに毎日のように襲われます。

たとえば先に述べたように、私たちは遺伝子を活用して一つの細胞を万能細胞化する技術を手に入れました。しかし、その細胞一つをゼロからつくり出すことはいまもってできません。世界のバイオ学者が全員集合しても、世界の国家予算を全部集めても、細胞を一個、もとから生成することさえできないのです。これは科学の限界というより生命がすごすぎるのです。

その細胞を人間は体の中に六十兆個ももっており、六十兆の細胞の一つひとつが生命体として生きています。世界の人口は六十九億人といわれていますから、その一万倍の小さな生き物が一人の人間の体の中にぎっしり集まって、いじめも戦争もなく平和的に共存して、互いに助け合いながら絶え間なく生命活動を行っているのです。

こういう調和的な働き一つをとっても、いかに生命というものがすごいかがわかります。生命がおのずともっている調和性や秩序、バランスや節度というものにはとにかく驚かされることが多いのです。

私たちが何かものを食べると、食べたものはいったん構成成分にまで分解されますが、その後こんどは反対に、そのバラバラに分解されたものは遺伝子の情報に基づいて再構成されます。タンパク質を摂取したら、そのタンパク質は構成成分であるアミノ酸に分解されたのち、遺伝子の指示にしたがい、酵素の働きによって生命活動に必要なすべてのタンパク質を合成しはじめ、同時に脂肪や糖もつくり出されて、タンパク質といっしょになって体を形成していきます。

外から入ってきたものをすべての要素に分解し、必要なものと不要なものに選《よ》り分け、不要なものは排泄《はいせつ》に回す一方で、必要なものはその必要ごとに組み合わせ直されて、生命活動の維持や活性化のために、それぞれ多様な働きを与え直される。この分解↓合成↓活性の整然と秩序だった働きのなんとみごとなこと。

また、生命のもつ「節度」も際だったものです。別の著書でも紹介したことがありますが、一本の苗から一万数千個の実をつけた〝お化けトマト〟があります。二十年以上も前に筑波で開かれた国際科学技術博覧会に出品されたもので、バイオ技術をいっさい使わず、ふつうのトマトの種を栄養分を含んだ水と太陽の光だけで育てたものでした。

先端の科学技術はもちろん、植物の栽培に必要不可欠である土さえ使わない水耕栽培によって、信じられないほどの実をつけたことで、栽培地の不足に悩む都市部などでは一つの光明となりうる栽培法として大きな注目を浴びたものです。

当時、そのお化けトマトを目の当たりにして私は二つの相反する思いを抱きました。一つは、生命の秘める無限の可能性です。**トマトの生命力でさえも人間が考えているよりはるかにすばらしい能力をもっていて、その能力がONになるよう刺激したり、阻害要因を取り除いてやれば、眠らせていたすごい力を発揮する。トマトより精巧な生き物である人間ならなおさら大きな能力を発現できるだろう**

ということです。

もう一つは、では、なぜ、自然に育っているトマトはそのお化けみたいな力を発揮しないのかという点です。それは「自然が節度を守っている」からだと、私は思います。自然界はある環境のもとでおのずと適正な規模の数量を守っているものです。動物なども数が増えてくると、増えすぎて自分たちの生存をあやうくしないよう、こんどは数を減らす方向に調整します。そうやって生存のための最適規模を崩さないよう「知恵」を働かせているのです。

自然に育つトマトも、その遺伝子情報にはお化け的な能力が書き込まれているのでしょうが、種の保持や環境維持のために、ふだんはそれが発現しないように抑制している。生態系が崩れないよう、自然や生命が節度を守っていると考えられるのです。先ほどの言葉を使えば、それぞれの生物が「生きすぎない」ようにしながら全体としての秩序や調和を保っている。

そうした「つつしみ」の意思のようなものが自然界にはあり、自然と生命のほんとうのすごさはそこにもあると思うのです。

目に見えない命を軽んじる人間の「愚かさ」

この自然の節度をもっとも忘れてしまった生き物が、私たち人間であることはここで指摘するまでもないかもしれません。

石油資源をどんどん掘り出して枯渇するほど大量消費したり、生態系などおかまいなしに森林伐採をしたり、生産量を上げたいばかりに危険な農薬を多用したり、エネルギーが不足したからと食糧をむやみに燃料に転換したり。どうみても人間の思い上がりとしか思えない行為が目立っています。その結果、自分たちの生存環境までもあやうくしている。

トマトのつつしみにも及ばない、欲望とおごりの心がほとんど際限もなく人間をつき動かしており、科学もそれに追従、もしくは奉仕することが少なくありませんでした。その人間のおごりの心の一つが、たとえば「目に見える」ものしか信じない傾向でしょう。

自然は二つに大別できると私は考えています。目に見える自然と目に見えない自然。トマトの実は目に見える自然です。しかし、トマトのもっているつつしみは目に見えない自然です。人間の体は目に見える命です。しかし、人間の心や命も目には見えないのです。

私たちはこれまで目に見えるものに重きを置く唯物的な価値観に支配されすぎてきたのではないでしょうか。給料が上がったとか、今年の売り上げは去年より伸びたとか、成績がよくなったなど、数字であらわしたり、数量で測れるものを大事に思い、そこに価値を見いだしてきました。

返す刀で、目に見えないものは価値が低い、取るに足りないものだと片づけてきました。昼の星は目に見えません。だから、昼の空に星は存在しない。そんなふうに考えてきたのです。でも見えないだけで、昼にも星は輝いているのです。

医学の世界でも、目に見える患部だけを治療することが医学の役目だと考えられて、目に見えない患者の心は体の病気とは無関係なものとされてきました。しかしすでに述べたとおり、気の持ちよう、心のありようで病気がよくなったり悪くなったりするのは動かしがたい「科学的事実」となっています。

なぜ、近代的知性というものは目に見えるものだけを信じて、目に見えないものを非科学的としてきたのか。それは本書のテーマに則していえば、人間がかしこくなりすぎたからだと思います。知識や情報ばかりが増えて頭でっかちになった結果、かしこく、利口にはなったが、死に思いをはせたり、命のつつしみを考えたりする生命本来の深い思考が不足してしまったのです。

ですから、唯物的な思考をする人ほど「昼に星は存在しない」という〝正しくて浅い思考〟しかしない傾向が強い。一方、深く掘った井戸の底からは昼でも星が見えるといいますが、それが科学的に事実かどうかは別にして、ものごとをそのように深くとらえられる人のほうがその思考も、その命も深いものだと私には思えます。

とくに日本人は長く、森や木や草や川や海などのすべての自然に魂や霊が宿ると考えてきました。そのため海で魚を捕るときも山で猟をするときも神に祈ったり、小さな祠《ほこら》や神社をつくって、自分たちを生かしてくれる自然や生命への畏敬《いけい》や感謝の念をあらわしてきました。その自然を敬い、命を尊ぶ心と営みはとても深いものです。

しかし、近代的知性はそれを古くさく愚かな迷信だなどとバカにしてきました。そうして人知の及ばないものにたいする畏敬の念や謙虚な思いを忘れたときから、私たちは目に見えないものを軽視し、目に見えるものを偏重しはじめたのです。

それはかしこさや利口の始まりだったのでしょうが、しかし節度や調和といった生命思考の視点に立ってみれば、ほんとうは人間のおごりや思い上がりという「愚かさ」の始まりだったのかもしれないのです。

あらゆる命の母体となる「大いなる何か」

私はアホを自認していますから、科学者でありながら、目に見えないものの存在も信じていますし、「増えすぎない」「生きすぎない」という生命のつつしみも信じています。また、そのつつしみを生命に備えさせた、「何か大きなものの存在」やその意思の実在もたしかなものだと考えています。

人知を超える何か大きなものの存在――それを私はサムシング・グレートと呼んでいます。このことはこれまでの著書でも書いてきたことですが、ここで再度ふれておくと、遺伝子という超ミクロの世界を日々のぞいていると、これだけ微細で精緻《せいち》、しかも美しくさえある生命の設計図をいったいだれがどのようにして描いたのかという驚嘆の思いにとらわれます。

もし何の目的もなく自然にできあがったのだとしたら、これだけ意味のある情報にはなりえません。まさに奇跡というしかなく、人間業をはるかに超えています。そうなると、どうしても人間の力を超えた存在を想定しないわけにはいかなくなります。それがサムシング・グレートなのです。

「サムシング＝何か」というのは、それが欧米やイスラム世界のように唯一絶対の神を想定していないからです。それは天の理や宇宙の意思であり、大自然の法則をつかさどるものです。万物の根源であり、万物を生成する偉大で崇高な何かです。親から子へと生命を受け継いでいく命の連続性のいちばん始点に位置する「生命の親」でもあります。

それらのどれでもあり、また、すべてを包含した広く大きな概念であるといえるかもしれません。したがって、むろん目には見えないし、「こういうものである」と明示できる存在ではないのです。呼称にしても、ある人は神といい、別の人は仏というかもしれません。どのように考え、どのように呼ぼうと、それは自由です。

ただ、私たちの生命の大もとには人間の力を超える不思議で偉大な力が働いていて、それによって私たちは生かされている。それを私はサムシング・グレートと呼んでいるのです。漁師さんが自分たちに恵みをもたらしてくれる海に畏敬の念を抱き、田畑を耕すお百姓さんが土や雨や光に感謝する。それとまったく同じ意味で、私はサムシング・グレートを敬い、尊んでいます。

ですから、ひとむかし前の日本人が「おてんとうさまのおかげだ」といいながら自分の身をつつしんだ、そのおてんとうさまも私にとってはサムシング・グレートなのです。

先に、人間は単なる部品の集まりではない、その集合体に何らかのファクターが加わらないと生命として作動しないと書きましたが、その知られざるファクターがサムシング・グレートの意思であり、また、生物に節度やつつしみを授けてくれるのも、その偉大なものの働きといえます。

以前、アメリカで自著の英訳出版が決まり、それにともなう講演ツアーに出かけたとき、現地の人たちにこのサムシング・グレートの概念について話してみる機会がありました。そのときの反応は「わかる」と「よくわからない」が半々くらいでした。

イエス・キリストを「神の子」と信じて、その上に絶対的な大文字の「GOD」を想定している人たちにとっては「何か偉大なもの」という言い方はおそらくあいまいすぎるのでしょう。「グレートではなく、グレイティスト（いちばん偉大なもの）ではないのか」という疑問の声もありました。

かたや理解を示してくれた人たちも、宇宙の知性とか偉大なる魂といった言葉に置きかえることで彼らなりに理解するといったニュアンスでした。そこで私は、サムシング・グレートを「God, the Parent（親としての神）」といいかえてみたところ、これには深くうなずいてくれる人が多かったのです。

「キリスト教の神には支配的で厳しいイメージがあるが、ムラカミのいう『親神』は母性的で、人間にたいするぬくもりとやさしさがある」と評価してくれたのです。したがって、それは私たちすべての生命をやさしく見守り、温かく導いてくれる、あらゆる命の母体でもあるものなのです。

すべての生命はたてにも横にもつながっている

そのアメリカでの体験は、私にサムシング・グレートの意味をより明確にしてくれました。つまり、それはすべての生き物をこの世に誕生させた原始の親であり、いまもなおあらゆる命を生かしつづけている存在である。生みの親であり、育ての親でもある。それがサムシング・グレートなのだということです。

放っておいてもひとりでに生まれてくる子どもなどありません。どんな子どもにも必ず親がいます。その親にも親がいます。そうやって、どんどん命の連続性をさかのぼっていくと、親の親の元、いちばん最初の「原初の親」にたどり着くでしょう。その「生命（いのち）の親」がサムシング・グレートなのです。

したがって、その偉大な存在は生命の設計者として私たちと別個に存在しているわけではありません。どこか高いところから人間たちの住む俗世界を睥睨《へいげい》している絶対者や超越者ではなく、私たちと命でつながっている大きな親、親の元なのです。ですから、私たちと世代をいくつも経た親子関係にあり、その親から見たら、すべての生物は自分の子どもになります。

そして、この「つながっている」ということも、つつしみとか調和、秩序と並ぶ生命の一大特徴といえるでしょう。

考えてもみてください。私たちの中には父親と母親の血やＤＮＡが受け継がれています。その父親と母親の中にも、それぞれの父親と母親の血やＤＮＡが流れ込んでいます。そのそれぞれの父親と母親の中には、さらにその父親と母親の中……そうやって祖先というものを無数に細胞が分裂する過程をさかのぼるようにたどっていくと、私たち一人ひとりの生命の中には想像を絶する膨大な命が引き継がれていることがわかります。

考えただけでも気の遠くなる、この悠久の時間の流れにおける命のつながりは、いわば親から子へという遺伝的な「たてのつながり」です。一方で、命は現在的な「横のつながり」ももっています。

つまり、遺伝子レベルで見てみると、細菌やカビ、昆虫から人間にいたるまで、ありとあらゆる動物、植物は――いま生きている生物だけでなく、三十八億年もの間に地球に生まれ、死んでいった過去全部の生物も含めて――すべて四つの文字からなる同じ遺伝子暗号を使った同じ命なのです。人間とチンパンジーのゲノム（全遺伝情報）の違いは塩基配列で比較して、たった一・二％程度のものにすぎません。植物のイネと比べても、人間と四〇％程度は共通している。

人類みな兄弟どころか、あらゆる生物は遺伝子によってつながっている。これが命の横のつながりです。

イネを育てる田んぼには、オタマジャクシがいて、その親のカエルがいて、トンボの子であるヤゴがいて、ゲンゴロウがいて、ミズスマシがいて、ヘビがいて、さまざまな草があり、そして田を耕し、イネを育てる人間がいます。同じようにこの世界には、この地球には、ありとあらゆる多様な生物がひしめきながら横につながっています。地球は生物のにぎわいの場所なのです。

横にもつながっているから、親がなければ子が生まれないように、他の生命がなければ一つの生命は生きていられません。生態系における食物連鎖がその一つの証しです。生命は自分自身だけでは完結できないのです。他の生命を自分の中に取り込まなければ命を保つことができない。

だからこそ、「いただきます」なのであり「おかげさま」なのです。食べる命も食べられる命もみんなつながっている。だからこそ命は命に感謝しなくてはならないし、ともに喜び合わなくてはいけないのです。自分だけで喜ぶよりも家族や友人といっしょに喜んだほうが喜びは大きくなりますが、それは命がつながっているからにほかなりません。

そして、その命のたてと横のつながりの中心や基点にはサムシング・グレートという「命の元の親」がいて、すべての命を生かし、また、死なせ、生み出している。その生命のにぎわいのただ中に、私たちは現在ただいまも存在しているのです。

生命の永遠の循環の歯車を回すもの

そのにぎわっていた生命にもやがて終わりがきます。生物のうち高い知恵をもった人間だけは不老不死を望みますが、それは絶対かなわないことです。

生物はなぜ「必滅」なのでしょうか。その目的論的な答えの一つが、先ほどの次の世代を生かすためというものでした。もう一つ、原理的な答えを考えるとすれば、私は私たちの体が借り物だからだと思います。死はその返却期限がきたということなのです。

だれに返すのか。あらゆる命の親元であるサムシング・グレートに返すのです。つまり、「大いなる命」からある期間だけ、私たちは「小さい命」として生命を借り受け、この世に存在して、期限がきたら個別の命は返却して大きな命のもとへ帰っていく。小さな命として生まれ、大きな命として死んでいく。私は命の始まりと終わりに関して、そんなふうに考えています。

さらにいえば、その死ののちも、ふたたび別の新しい生命となってこの世に生まれ変わってくるのではないか。同じ人間となって帰ってくるのか、それはわかりません。草や木や光や土になるのかもしれない。あるいは「千の風になって」地上を吹き渡るのかもしれない。

それはだれにもわからないが、しかし、すべての命はそうやって生まれ変わり、死に変わりしながら生と死のサイクルを永遠に描いているのではないか。あらゆる生命は循環しているのではないか。そして、その命の循環の歯車をサムシング・グレートの見えざる大きな手が回しているのではないか——。

もちろん、すべては推測の域を出ないもので、異論のある方もおられるでしょう。私もこのとおりだと断定するつもりはないし、だれにも断定などできません。しかし、そのような目には見えない、大いなる生命の仕組みのようなものを想像して、自分たちは自分の力だけで生きているのではなく、その大きな仕組みの中に生かされている。そのように考え、実感することはとても大切なことだと思うのです。

命の親である大いなる命の存在、そのもとで生まれ変わる多くの小さな命。こんなことをいえば、それこそ非科学的な迷信を信じるアホ扱いされかねませんが、科学的に証明できないものが実在するか否か、「ある」か「ない」かは確率論的にいえば二者択一で五割です。だとすれば、サムシング・グレートの存在の可能性は五割もある――そう考えたほうが人間の心は安定するし、幸せにも近くなるのではないでしょうか。

少なくとも、私たちの体を構成している水素や酸素などの元素は、宇宙や地球から借りています。

死は有機物から無機物への移行にすぎないから、人は死ねばゴミになる、死後はゼロの世界で虚無の暗黒が広がるばかりだ。そのように唯物的に生と死をとらえる人と、大いなる命のもとですべての生命は生と死の永久のサイクルを描いていると信じる人。その考える人と信じる人のどちらが幸福か。

私は後者のほうが愚かだが、幸福に近いと思うのです。むろん、これにも反論はあるでしょう。ただ、くり返しになりますが、サムシング・グレートという生命の摂理にしたがって、私たちは生きているのではなく生かされているのだと自覚すること。それが人間のおごりや思い上がりを抑制して、私たちに節度やつつしみ、「おかげさま」の心をもたらしてくれることは確かだと思います。

人知の及ばない大きなものがこの世には存在する。その思いが人間を謙虚にし、人生を不器用ながらまじめに誠実に生きていくことを可能にして、大いなるものの意思に沿った幸福な生き方をする基点となるのです。

いろいろむずかしいことをいいましたが、一つ、心にとどめておいていただきたいのは、目に見えるものだけを信じるあまり、目に見えないものは「存在しな

い」と切って捨てないことです。生命思考の観点からは、命にとって大事なものほど目に見えないものかもしれない――そうした想像力の余地を残しておくことは、私たちの思考に幅や余裕を与え、生や命を充実させてくれるはずだからです。

「愚かであれ」こそ神が授けた知恵

大いなるものの意思は、いまこの世に生きている私たちに何を求めているのでしょうか。神のほんとうの望みとは何なのか？

一つは、前いった「つつしみの心」だと思います。他の生物には備わっているのに、人間だけがそれを失うか忘れるかしている節度や調和や「おかげさま」の心です。そして、もう一つは「愚かさを守る」心ではないでしょうか。

その愚かさを守る生き方についてはこれまで述べてきました。すなわち、小利口でこざかしい知識や知恵、速度や効率、駆け引きや計略、私利私欲や傲慢《ごうまん》さ、おごりや増長、攻撃性や支配性、鋭いが冷たい理知——そういうものには無縁か、距離を置きながら、目に見えないものを信じ、先を急がず、ゆったりとかまえ、学問や知識は多くなくても、自分の信じる道を正直に地道に歩み、手間を惜しまず、回り道を厭《いと》わない。

時代遅れで融通もきかず、利にも疎いが、焦らず、いばらず、くさらず、わずかなことで満足を覚え、不平不満よりは感謝の言葉が多く、批判的であるより親和的で、悲観的より楽天的で、いつもニコニコ笑みを絶やさず、でくのぼうのようなぬくもりをにじませつつ、人を裁くよりは許して、「自分などたいした人間ではない」と自己への戒めを忘れず、命とは何か、生きるとは何かについて時間をかけてゆっくり考え、大きな回路をぐるりとめぐって大きな答えにたどり着く。

そんな鈍く、遅く、重い生き方をしながら、自分の中の「愚」をひそかにしっかりと守ること。その深く大きな愚かを一生涯かけて貫くこと。神が望んでいるのはそういう生き方ではないでしょうか。

スティーブ・ジョブズ流にいえば「Stay foolish」、かしこく小さくまとまるよりも、大きな愚か者であれ。器の大きなアホであれ。天の理が求め、サムシング・グレートが喜ぶのは、人間のそういう心のあり方や生き方なのだと思います。「陽気な心」もその一つでしょう。明るく前向きで、いつも喜ぶことや笑うことを忘れない心です。いい加減でいいとはいいませんが、パーフェクトばかり求めていても人間は行き詰まってしまうものです。心も苦しくなるばかり。

だから、「ああ、ダメかな」と思ったら、鏡の前で一人、ニッコリ笑ってすませてしまえばいいのです。笑えば邪気や暗い心も少しは晴れ、やり直そうという気持ちもわいてきます。人間、笑えるうちは大丈夫。人生は勝ち負けではないが、泣くよりは、たくさん笑ったほうが勝ちなのです。

そういう笑い上手、喜び上手な人が神さまから好まれる人でもあり、笑いや明るい心を保つ「陽の力」が体の健康を回復、増強し、いい遺伝子のスイッチをONにする効能があることは本書で述べてきたとおりです。

もちろん人生は、そうそううまくいくことばかりでもなければ、笑ってすませられることばかりでもありません。しかし、厳しく苛烈《かれつ》であるからこそ、私たちは喜びをもって生きることを忘れてはいけない。喜びがどこからかもたらされるのを待つのではなく、どんなささやかなことでもいいから、自分から喜びを探し出して、その日一日の収穫として喜ぶ「陽の思想」が大切になってくるのです。

そのような喜びの心、おかげさまの心、つつしみの心。そういうものが私たちの体を満たしたとき、私たちの命はいきいきと豊かに息づき、私たちの人生も幸福への歩みを始めるのではないでしょうか。

したがって、いっけん鈍重に見え、愚かとも思える生き方こそが、実は苦しいこの世を生きていくために神が人間に授けた知恵である――そのことをできるだけたくさんの人に知ってもらい、また、実践してもらうために、私は残されたこの世での時間を精いっぱい使いたいと考えています。

アホは神の望みであり、命はすばらしいものである。サムシング・グレートが黙示するその教えを、社会に広く伝えるメッセンジャー役を果たすことがこれから私に課せられた大きな仕事なのです。

文庫化によせて

いまの日本には、明るいニュースが少なく閉塞《へいそく》状況が続いています。しかし、私は、二十一世紀はふたたび日本の出番がくると信じており、大きな鍵《かぎ》となるのは、アホであることすなわち大愚ではないのかと思っています。

トルコは現在、たいへんな親日国でありますが、そのきっかけは、いまから百二十年ほど前にさかのぼります。明治二十三年（一八九〇年）オスマン帝国の軍艦エルトゥールル号が、初来日し、明治天皇に拝謁後、帰国についたとき、和歌山県串本町の大島沖で台風のため座礁沈没しました。その際、大島の島民総出で必死の救助活動が行われました。この日本人の献身的救助活動は、トルコの小学校の教科書にも記載されていて、いまでも広く国民の間で知られています。遠い国の船が座礁したとわかってもみずからの危険を考えれば必死に救助することはアホな行動かもしれません。しかし、このアホな行動がトルコと日本に大きな絆《きずな》を生んだのです。

トルコ人の救出から九十年以上もたった一九八五年、イラン・イラク戦争中に次のことが起こりました。当時、イラクのフセイン大統領は、「いまから四十八時間にイラクの上空を飛ぶ飛行機は民間機でも撃墜する」という声明を発表したのです。

当時の日本政府は、急な事態に対応が遅れました。そのとき時間ぎりぎりに、トルコの民間機がテヘランに取り残されていた在留邦人二百十五名全員を救出してくれました。外務省が問い合わせたところ、トルコ政府は「私たちはエルトゥールル号のことを忘れていない。だから、日本人が困っているのを知って助けに来た」ということでした。私はトルコと日本の実にすばらしい友情物語に感動しました。

また、日本にいると、日本はますます悪くなっているように感じますが、世界の評価は違うようです。

二〇〇八年七月、ブラジル移民百周年実行委員会の招きで、しばらく当地に滞在しました。そこで、日系人はブラジル農業の発展に大きな貢献をしてきたことを実感しました。さらに、単に農業だけではなく、あらゆる分野でブラジルの国造りに参加しています。

ブラジル移民の一世、二世はたいへんな困難の中、懸命に働き、子や孫の教育に力を注ぎました。日系人の大学進学率はいまでも抜群に高く、その成果が花開いています。長い移民の歴史から、ブラジル国民の中では「日系人はまじめで誠実な信頼できる人々である」という評価が定着しています。これは、塗炭の苦しみの中でも「陽気であきらめない心」を忘れなかったからこそではないかと私は考えています。

本文でもふれましたが、アメリカのメリーランド大学とイギリスのBBC放送が、二十七か国の約二万八千人を対象に行った世論調査で、いま、もっともいい影響を世界に与えている国の最上位に日本があげられていると、二〇〇七年三月世界の六百のメディアで発表されました。

二〇一〇年八月二十三日と三十日の『ニューズウイーク（英語版）』に「あな

たがもし、いま生まれたとしたら世界中で、どの国がベストですか」という記事が掲載されました。百か国の中で日本はベストテンに入っています。しかも人口の多い国の中では、アメリカやヨーロッパ諸国などを抜いて日本が一位を占めています。日本人は創造性にすぐれ、平和的で寛容性を有していると評価されているのです。

このように日本は日本人が思っている以上に認められています。「陽気であきらめない心」をもった「アホ」な生き方をすれば世界に貢献できると私は思っています。そして、日本は二十一世紀も重要な役割を世界で担っていくことになるでしょう。

本書は二〇〇八年九月に刊行された同名の単行本を一部加筆修正しておりますが、肩書きやプロフィールは刊行当時のものです。ご了承ください。

村上和雄

「心と遺伝子研究会」サポートのお願い

私は二十年以上の間遺伝子研究に携わっており、その研究に基づいて「精神的ストレスを含む多くのストレスが遺伝子のスイッチオンとオフに関連している」という仮説をたてています。そして現在、バイオ科学における技術革新は、この仮説を証明できる段階に達していると考えています。

このような状況の中、各界からの賛同の声に基づき私どもは「心と遺伝子研究会」を創立しております。よりよく生きようとする個人の態度や習慣がどのように遺伝子に働きかけるかを解明し、最終的には、精神的ストレスが、ガン・高血圧・糖尿病という病気の遺伝子やその抑制遺伝子のオンとオフにどのように関与するかを究明しようと考えています。本研究が成功すれば、医学だけでなくあらゆる学問において革命的な変革を生み出すことは間違いありません。

しかしながら、私どもの研究費にはおのずと限界があります。つきましては本研究に深遠なるご理解とご賛同をいただき、本研究プロジェクトに対する金銭的サポートをたまわれば幸甚に存じます。ご高配のほど、なにとぞよろしくお願い申し上げます。

筑波大学名誉教授　村上和雄

●銀行口座（お手数ですが、お振り込みの際には事前にお名前、ご住所、ご連絡先などをお知らせください）

常陽銀行　研究学園都市支店　普通預金　２１３９７１２

口座名義　ＦＡＩＳ　心と遺伝子研究会　代表　村上和雄

●連絡先

財団法人　国際科学振興財団「心と遺伝子研究会」

〒三〇五-〇〇六二　茨城県つくば市赤塚牛ヶ淵五八六-九（池田理化ビル内）

電話　〇二九-八三九-四六〇〇　ファックス　〇二九-八三九-四六〇一

単行本　二〇〇八年九月　サンマーク出版刊

サンマーク文庫

アホは神の望み

2011年 4 月15日 初版発行
2024年 9 月30日 第8刷発行

著者 村上和雄
発行人 黒川精一
発行所 株式会社サンマーク出版
東京都新宿区北新宿 2-21-1
電話 03-5348-7800

フォーマットデザイン 重原 隆
本文 DTP 山中 央
印刷 共同印刷株式会社
製本 株式会社若林製本工場

落丁·乱丁本はお取り替えいたします。
定価はカバーに表示してあります。

ISBN978-4-7631-8493-1 C0130

ホームページ http://www.sunmark.co.jp